Herbert Walker

Vollwertig kochen für mich

Herbert Walker

Vollwertig kochen für mich

Vegetarische Rezepte für eine Person

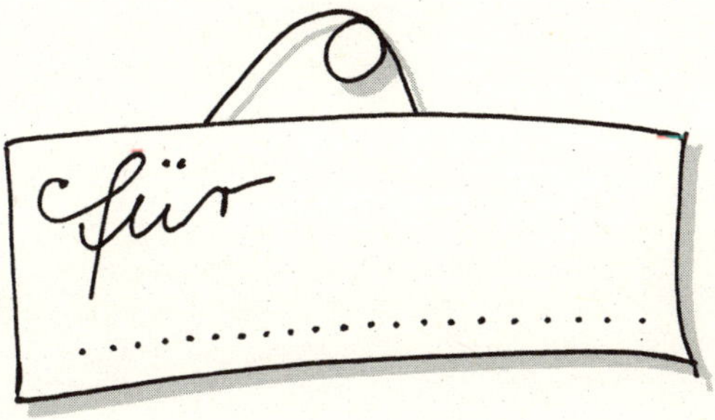

pala verlag

Inhalt

Liebe Leserin, lieber Leser,

wer alleine lebt, fragt sich sicher immer wieder: »Lohnt es sich, für mich als Einzelne oder Einzelner zu kochen?«

Doch wenn Sie sich vollwertig und vielleicht sogar vollwertig vegetarisch ernähren möchten, dann bieten sich eigentlich nur wenige andere Alternativen als das Selbstkochen an, und wenn Sie etwas aufs Geld achten wollen oder müssen, reduzieren sich die Möglichkeiten weiter.

Solange Sie das Selbstkochen aber als bloße Notwendigkeit ansehen, solange Sie Kochen also nur als ein lästiges Übel empfinden, wird es Ihnen keine Freude machen.

Ohne Freude beim Kochen versucht man, diese Arbeit zu meiden, und ernährt sich dann entweder nicht mehr vollwertig oder greift auf die immer gleich schmeckenden Fertig- oder Halbfertigprodukte zurück, an denen man sich bald satt isst. Zumindest geht es mir so, wenn ich zum Beispiel im Urlaub in einer Ferienwohnung weder die Zeit noch die Möglichkeit habe, nach einer ganztägigen Wanderung richtig zu kochen.

Sehen Sie es doch einmal positiv, Kochen ist gelebte Kreativität, und wenn Sie für sich alleine kochen, sind Ihrer Kreativität nur geringe Grenzen gesetzt, auf jeden Fall weniger, als wenn Sie auf den Geschmack und die Wünsche von Familienangehörigen und Partnern Rücksicht nehmen müssen.

Genießen Sie es, zu experimentieren, entwickeln Sie neue Rezepte und Gerichte und entwickeln Sie diese Ihrem persönlichen Geschmack entsprechend weiter – das gilt natürlich auch für die Gerichte in diesem Buch. Versuchen Sie immer wieder mal etwas Neues, verlassen Sie die gewohnten Pfade, schrecken Sie auch vor scheinbaren Verrücktheiten, vor scheinbar Widersprüchlichem nicht zurück. Sie werden sehen, dass auch diese Gerichte fast immer gelingen – und das nicht nur, wenn Sie bereits über viel Erfahrung verfügen. Gönnen Sie sich neben dem Spaß auch noch etwas besonders Gutes und Gesundes.

Natürlich sollte sich der Zeitaufwand für die Zubereitung – vor allem, wenn Sie abends nach einem manchmal harten Arbeitstag hungrig nach Hause kommen – in Grenzen halten. Aber mir macht das Kochen so viel Freude, dass ich nicht darauf achte, wenn es einmal etwas länger dauert.

Als Alleinlebender hat man außerdem meist nicht allzu viel Platz für die Bevorratung von Lebensmitteln und Nahrungsmitteln, dies gilt auch für den Kühlschrank oder die Möglichkeiten, etwas tiefzugefrieren oder tiefgefroren aufzubewahren.

Genau diesen Aspekten – Zeit und Platz – habe ich in diesem Buch deshalb besondere Aufmerksamkeit gewidmet und gebe Ihnen viele Tipps und Hinweise, wie Sie aus den jeweils gleichen Grundzutaten, die Sie nur einmal vorbereiten, die unterschiedlichsten Gerichte zaubern können oder wie sich ein Gericht so verändern lässt, dass Übriges am nächsten Tag nicht nur aufgewärmt wird, sondern etwas ganz anderes, immer besonders Leckeres daraus entsteht.

Blättern Sie einfach in diesem Buch, kochen Sie, was Sie interessiert und bringen Sie Ihre eigenen Ideen mit ein.

Guten Appetit!

Ihr

Praktische Küchenausstattung

Wenn Sie als Single vernünftig kochen und backen wollen, benötigen Sie eine möglichst gut auf Ihre Verhältnisse abgestimmte Küchenausstattung. Im Folgenden ein kleiner Überblick über hilfreiche Geräte und Werkzeuge:

- Auf alle Fälle einen **Backofen** und einen **Herd** mit mindestens zwei, besser aber mit vier Kochplatten, ob Elektro- oder Gasherd ist eigentlich zweitrangig, da müssen Sie sich meist nach den örtlichen Gegebenheiten richten.
- Bei der Größe von **Töpfen** und **Pfannen** sollten Sie sich eher an den kleinen Plattengrößen des Herdes orientieren, denn wenn der Topf kleiner als die Herdplatte ist und Sie länger kochen oder dünsten wollen, kostet das zu viel Energie. Für die Platte eigentlich zu kleine Töpfe verwende ich bestenfalls zum kurzen Anbraten von Zwiebeln oder Pilzen. Bei den Pfannen nehmen Sie ruhig die üblichen Größen, denn wenn Sie etwas wenden oder verrühren müssen, haben Sie dann genügend Platz. Ich verwende meist zwei Pfannen, eine für Pfannkuchen und ähnlich milde Gerichte und eine zweite Pfanne, in der ich eher Gemüse oder sehr Pikantes brate.

- Bei **Kuchenbackformen** empfiehlt es sich, nicht die üblichen Springformen mit 24 – 26 cm Durchmesser zu verwenden, sondern eher eine kleine Springform mit 18 – 20 cm Durchmesser. Dagegen verwende ich eine normalgroße Gugelhupfform auch bei kleineren Teigmengen. Bei **Backblechen** können Sie durchaus kleinere Formen wählen, allerdings ist darauf zu achten, dass Sie das Blech in den Ausmaßen verstellen können und es gut in den Backofen passt. Es gibt auch verstellbare Rahmen, die sich auf ein normalgroßes Backblech stellen lassen, wodurch sich die Backfläche dann entsprechend der Länge und Breite des Gebäckstückes variieren lässt.
- Wichtigstes Küchengerät für vollwertiges Kochen und Backen ist natürlich die **Getreidemühle:** Gerade weil Sie für sich allein oft nur kleine Mengen Vollkornmehl benötigen, würde Mehl, das Sie sich zum Beispiel im Laden mahlen lassen, zu viele wertvolle Bestandteile verlieren, bis Sie es ganz aufgebraucht haben. Wählen Sie keine zu kleine Mühle, denn dann dauert das Mahlen doch ziemlich lange, und nehmen Sie vor allem keine Handmühle, mit der das Mahlen noch mehr Zeit benötigt.
- Natürlich ist eine nicht zu große **Küchenmaschine** sehr hilfreich, insbesondere, um Hefeteig auch länger kneten zu können. Für andere Teige oder um Sahne oder Eischnee zu schlagen, reicht auch ein **Handrührgerät.**
- Bei der **Küchenwaage** – ob elektrisch oder mechanisch – sollten Sie darauf achten, dass ein genaues Ablesen in möglichst kleinen Schritten möglich ist, Sie sollten mindestens in 2-g-Schritten ablesen können. Dies ist zum Beispiel beim Abwiegen frischer Hefe oder Trockenhefe durchaus wichtig, wenn Sie nicht ein ganzes Päckchen für ein Rezept verwenden können oder wollen.
- Ohne einen **Mixer** – das kann auch ein kleines Gerät sein – tun Sie sich schwer, denn immer wieder müssen Sie etwas pürieren, und Gemüse, Hülsenfrüchte oder Obst durch ein Sieb zu drücken, um sie fein zu musen, dauert recht lange, und vor allem müssten Sie hierfür Gemüse, Hülsenfrüchte und Anderes völlig zerkochen, was den Anforderungen einer inhaltsschonenden und möglichst werterhaltenden Vollwertküche nicht entspricht.
- Gemüse schneide ich immer von Hand mit einem üblichen **Küchenmesser** oder ich benutze eine **Handreibe** mit unterschiedlichen Reibflächen oder -einstellungen. Für das Schneiden von Gemüse oder Obst eine Küchenmaschine zu verwenden, ist in einem kleinen Haushalt wenig sinnvoll, da das Aufstellen und Reinigen des Geräts mehr Zeit in Anspruch nimmt als die eigentliche Arbeit.

- Die Werbung suggeriert uns, dass wir immer neue Küchengeräte benötigen. Dabei kann man auf viele der oft teuren Anschaffungen verzichten. Natürlich haben viele Geräte auch ihre Einsatzberechtigung, doch nicht alles ist notwendig und in einer nicht allzu großen Küche unterzubringen.
- Ein **Gemüsedämpfer** ist zwar nicht schlecht, aber mit einem **Gemüsesieb im Topf** können Sie annähernd gleiche Resultate erzielen – und es ist billiger und nimmt weniger Platz weg. Gemüse im **Wok** zu braten, ist toll, aber in einer **großen Pfanne mit hohem Rand** geht es auch.
- Ein **Toaster** ist mitunter sehr praktisch.
- Ein **kleines Backofengerät** ist zum Erhitzen besser geeignet als der Herdbackofen, zumal ich in meiner Küche auf den Einsatz der Mikrowelle prinzipiell verzichte.

Natürlich brauchen Sie neben den genannten Werkzeugen und Geräten weitere Gerätschaften in der Küche. Die nachfolgende Aufzählung soll Ihnen eine kleine Hilfe sein, erhebt aber keinen Anspruch auf Vollständigkeit:

- verschiedene **Kochlöffel,** darunter auch ein oder zwei gelochte Kochlöffel; ich verwende ausschließlich solche aus Kunststoff, da hölzerne Löffel doch etwas schwerer zu säubern sind,
- zwei unterschiedlich große und unterschiedlich geformte **Pfannenwender,**
- einen **Backpinsel;** ich verwende einen Backpinsel aus Silikon,
- einen **Tortenheber,** um den Kuchen vom Blech zu lösen,
- einen **Messbecher,**
- mehrere **Plastikschüsseln,**
- mehrere, unterschiedlich große **Plastikdosen mit Deckeln** zum Einfrieren und Aufbewahren,
- ein großes und ein kleines **Wellholz,** die auch aus Silikon oder Kunststoff sein dürfen,
- mehrere, unterschiedlich große und unterschiedlich feine **Siebe,**
- einen **Schneebesen,**
- eine **Pfeffermühle** und
- für Schwaben wie mich natürlich einen **Spätzlehobel** oder eine **Spätzlepresse,** die auch für gekochte Kartoffeln verwendet werden kann und so auch für Nichtschwaben interessant ist.

Das richtige Einkaufen

Für einen Einpersonenhaushalt einzukaufen, ist nicht ganz einfach, vor allem, wenn Sie Gemüse und Obst möglichst frisch verwenden wollen, andererseits aber nicht viel Zeit fürs Einkaufen ver(sch)wenden möchten oder können. Im Folgenden gebe ich Ihnen deshalb einige Tipps für einen wohldurchdachten Einkauf.

- In der Regel kaufe ich neben dem frischen auch das lagerbare Gemüse und Obst am Samstag auf dem **Wochenmarkt** und dann nochmals einmal in der Woche im **Bioladen** oder beim **Gemüsehändler** meines Vertrauens, der auch viele Biowaren führt.
- **Einheimisches Obst** und **Gemüse** kaufe ich fast ausschließlich entsprechend der Jahreszeit, in der es hierzulande reif wird oder im Winter gut gelagert werden kann. Außer Bananen, die ich ganzjährig verwende, kaufe ich **Obst aus Übersee** eigentlich nur im Winter, aber auch keine Arten, die zur jeweiligen Jahreszeit auch bei uns reifen, also keine Erdbeeren oder Trauben aus Kalifornien oder Äpfel aus Neuseeland oder Argentinien.

- Dies gilt auch für **Tomaten** – hier kaufe ich im Winter oft getrocknete Tomaten, die ich dann in Olivenöl einlege und entsprechend verwende wie in einigen Rezepten beschrieben (Überbackene Kartoffeln mit Mairübchen siehe Seite 74, Fenchelpizza siehe Seite 98 oder Kartoffel-Fenchel siehe Seite 116).
- Bei **Gemüse** und **Salaten,** die wie Blumenkohl, Weißkohl, Rotkohl, Spitzkohl oder Chinakohl, Sellerie oder Kürbis meist in sehr unterschiedlichen Größen vorliegen, wähle ich immer die **kleinsten Exemplare** aus, damit sie innerhalb einer angemessenen Zeit verzehrt werden können. Oftmals sind die Kleinen auch besonders zart oder intensiv im Aroma.
- Frische **Kräuter** wie Schnittlauch oder Basilikum können Sie auch im Topf auf der Fensterbank oder dem Balkon halten und so immer frisch ernten. Kresse bekommt man gekeimt im Bioladen oder auf dem Wochenmarkt, man kann sie aber auch wie andere Keimlinge selbst mit wenig Aufwand ziehen.
- Da man für eine Person meist nur eine kleine Menge **Zwiebeln** benötigt und sich Reste einer normalgroßen Küchenzwiebel nicht lange frisch halten, kaufe ich überwiegend Frühlingszwiebeln oder wähle besonders kleine Exemplare der kleinen roten Zwiebel.
- Bei **Kartoffeln** achte ich darauf, dass die einzelnen Knollen ähnlich groß sind, damit sie beim Kochen möglichst gleichzeitig gar sind. Bei **Süßkartoffeln** wähle ich nicht allzu dicke Knollen, denn diese garen schneller und vor allem auch gleichmäßiger. Da diese Knollen mitunter sehr lang sind, sollten Sie die Größe Ihrer Töpfe beachten, damit Sie die Knolle nicht abschneiden oder teilen müssen, bevor Sie sie kochen.
- **Einheimisches Getreide** wie Weizen, Dinkel oder Roggen kaufe ich meist im Hofladen. Allerdings sollten Sie hier darauf achten, dass der Laden gut gereinigtes Getreide anbietet, was leider nicht immer der Fall ist. Denn wenn zum Beispiel (zu) viele giftige Mutterkörner oder andere Samen im Getreide enthalten sind, müssen Sie die Ware vor dem Mahlen genau kontrollieren und das kostet doch zu viel Zeit, vor allem, wenn Sie doch einmal etwas mehr mahlen möchten.
- Reis, Mais und **andere** hierzulande nicht einheimische oder kaum angebaute **Getreidearten** kaufe ich im Bioladen, ebenso wie **Hülsenfrüchte.**
- Es gibt eine fast unüberschaubare Vielfalt verschiedener **Gewürze,** trotzdem habe ich mich in diesem Buch bewusst auf eine überschaubare Anzahl begrenzt, da Gewürze – insbesondere in gemahlener Form – nach einiger Zeit ihre Wirkung verlieren. Bei einer größeren Anzahl unterschiedlicher Gewürze, die Sie in einem kleinen Haushalt natürlich in jeweils geringeren Mengen pro Rezept und auch über einen längeren Zeitraum hinweg ver-

brauchen als in einem größeren Haushalt, kommt dies natürlich häufiger vor. Deshalb empfehle ich Ihnen eine kleine, aber feine Auswahl weniger Gewürze, die Sie dann rascher und noch möglichst frisch aufbrauchen können. Folgende Gewürze sollten Sie möglichst immer vorrätig haben: körnige Gemüsebrühe, Kräutersalz, Pfeffer (ganze Körner zum Mahlen), edelsüßes Paprikapulver, scharfes Paprikapulver, Cayennepfeffer, Chilipulver, Muskatnuss, Muskatblüte (Macis), gemahlene Fenchelsamen oder Kümmelsamen, Basilikum, Majoran, Oregano, Vanillepulver, Zimtpulver und Gewürznelken (ganz oder gemahlen).

- Ergänzen können Sie diese Auswahl noch durch gemahlenen Ingwer, Currypulver, Kardamom (ganz oder gemahlen), getrocknete Chilischoten, gemahlenen Koriander, Safran und Kurkuma (bitte aufpassen, das Pulver färbt sehr intensiv gelb, vor allem, wenn es oder ein entsprechend gewürztes Gericht mit der Kleidung in Berührung kommt).
- **Eier** kaufe ich ausschließlich aus Freilandhaltung, ich ziehe die Freilandhaltung auch Bioeiern aus Bodenhaltung vor.
- Bei **Milch** scheiden sich die Geister: Natürlich wäre es am besten, die frische Milch direkt beim Bauern zu kaufen oder sich – wie bei mir am Ort – von einem Biomilch-Lieferdienst frei Haus bringen zu lassen. Doch solch eine Lieferung erfolgt meist nicht am Abend, wenn Berufstätige zu Hause sind, und auch der Aufwand, beim Biobauern vorbei zu fahren, ist meist nicht zu schaffen. Außerdem muss man beachten, dass diese frische Milch schnell verdirbt, und gerade im kleinen Haushalt kann man einen ganzen Liter Milch mitunter nicht so schnell verbrauchen. Daher wähle ich im Laden meist frische Biomilch, die etwas länger haltbar gemacht wurde, wohl wissend, dass dies eine nicht unerhebliche Qualitätseinbuße bedeutet.
- Als **weitere Milchprodukte** kaufe ich in Bioqualität natürlich Naturjoghurt, bei Fruchtjoghurt achte ich darauf, dass auf keinen Fall Gelatine und möglichst auch kein weißer Zucker, am besten gar kein Zucker enthalten ist. Bei Quark wähle ich meist die Magerstufe, da ich hin und wieder beim Kochen zusätzlich noch etwas Schlagsahne dazugebe. Schlagsahne habe ich ebenso wie Milch immer im Kühlschrank, während ich saure Sahne, Schmand, Crème fraîche oder Frischkäse nur gezielt einkaufe, wenn ich diese für einen bestimmten Zweck oder ein bestimmtes Gericht benötige.
- Bei **Biokäse** achte ich durchaus auf wechselnde Sonderangebote, es sei denn, dass ich eine bestimmte Sorte unbedingt benötige.

Lagern, aufbewahren und planen

Wer sich vollwertig und gesund ernähren will, wird seine Ernährung nicht zuletzt auf Gemüse und Obst stützen. Beides schmeckt frisch am besten, doch täglich alles frisch einzukaufen, klappt nur selten. Daher sollten Sie wissen, wie man Obst, Gemüse und Kartoffeln, aber auch Milchprodukte oder fertig zubereitete Speisen am besten lagert.

- Damit **Gemüse** lange frisch und knackig bleibt, ist eine kühle und lichtgeschützte Lagerung am günstigsten, also zum Beispiel im Gemüsefach des Kühlschranks: Ideal für Artischocken, Blattgemüse, Blattsalate, Blumenkohl und Brokkoli, für Fenchel, Möhren, Lauch, Spinat und Spargel sind 1 – 4 °C. Bis maximal 10 °C lieben es Bohnen, Gurken, Paprika und Zucchini.
- Nicht im Kühlschrank, sondern besser in einem dunklen, kühlen Raum sollten Sie **Kartoffeln, Süßkartoffeln, Tomaten** und **Zwiebeln** lagern.
- Im Kühlschrank bis maximal 7 °C lassen sich Beeren, Kirschen und Zwetschgen lagern, diese sollten in eine etwas offene Plastiktüte eingehüllt werden, damit sie nicht austrocknen. Das restliche **Obst** lagere ich kühl und trocken außerhalb des Kühlschranks.
- Beeren können gut eingefroren werden, am besten werden sie hierzu auf einer Klarsichtfolie verteilt, mehrere Stunden vorgefroren und dann erst in einen Tiefkühlbeutel gegeben. Tiefgefrorenes Obst können Sie bis zu einem Jahr im Gefriergerät lagern, blanchiertes und anschließend eingefrorenes Gemüse gut sechs Monate.
- Allgemein sollte man Obst und Gemüse beziehungsweise Kartoffeln nicht nebeneinander lagern, aber auch nicht jedes Obst passt zueinander. So sollten Sie Äpfel und Birnen nicht neben Orangen oder Bananen lagern, da dann die Bananen schneller braun werden, allerdings ist ein reifer Apfel hilfreich, um eine unreife Kiwi schneller weich werden zu lassen.
- Wenn Sie in einer Käserei einmal einen Großeinkauf getätigt haben, so können Sie den zu viel gekauften **Käse** ebenso wie **Butter einfrieren,** sollten ihn aber nicht länger als neun Monate im Gefriergerät aufbewahren.
- Natürlich können Sie auch **Aufläufe, Suppen, Eintöpfe, Pizzen, Bratlinge** oder **Kuchen einfrieren,** am besten in einzelnen Portionen und der Menge, die Sie auf einmal verzehren können.
- Darüber hinaus ist es möglich, **vorgebackene Kuchen- oder Pizzaböden** und sogar **Teige einzufrieren.** Dabei sollten Sie Folgendes beachten: Butterreiche Mürbeteige sollte man nicht länger als drei Monate einfrieren,

da der Geschmack sonst leidet. Rührteig wird am besten in der Backform eingefroren, aber das wird nicht immer möglich sein. Dann nehme ich statt der Backform eine Plastikdose. Rührteig sollte innerhalb von sechs Monaten verbraucht werden. Hefeteige frieren Sie am besten vor dem Gehen ein. Sie halten sich dann drei Monate und können nach dem Auftauen (drei bis vier Stunden) wie frische Hefeteige weiterverarbeitet werden.

- Tiefgefrorene Gerichte wie Aufläufe, Pizzen, Kuchen oder Bratlinge sollten Sie zuerst ganz **auftauen** lassen und dann entweder im Herdbackofen oder in einem kleinen Einzelbackofen oder unter einem Grill durchgehend erhitzen, mitunter können Sie dann zum Beispiel einen Auflauf zusätzlich noch mit Käsescheiben belegen. Suppen und Eintöpfe können Sie auch im gefrorenen Zustand erhitzen, dabei müssen Sie nur anfangs darauf achten, dass nichts anbackt.

Gut geplant ist halb gekocht

Die Rezepte in diesem Buch sind immer, wenn nicht anders angegeben, für eine Person berechnet. Allerdings sollten Sie von einigen Zutaten gleich eine **größere Menge,** als für eine Mahlzeit nötig ist, **zubereiten,** denn es ist nicht sehr sinnvoll, zum Beispiel jeden Tag eine Kartoffel oder 50 – 80 g Reis oder Nudeln zu kochen.

Bei Kartoffeln, Süßkartoffeln, Reis, Weizenkörnern oder Roggenkörnern und Hülsenfrüchten können Sie ohne Weiteres die doppelte oder auch dreifache Menge, als für eine Mahlzeit nötig ist, kochen, einen Teil sofort verwenden und den Rest zugedeckt im Kühlschrank aufbewahren, siehe auch Grundrezepte ab Seite 21. Bei einigen Kartoffelgerichten zum Beispiel benötigt man sogar Pellkartoffeln vom Vortag.

Auch bei Gemüse wie Blumenkohl, Fenchel, Sellerie oder Weißkohl können Sie den ganzen Kopf oder die ganze Knolle kochen und den nicht benötigten Teil im Kühlschrank aufbewahren, auch wenn es dabei eventuell zu einem kleinen Verlust an Vollwertigkeit kommt. Länger als etwa zwei Tage sollten Sie bereits gekochte Zutaten oder Speisen aber nicht im Kühlschrank lagern, dann ist es besser, die Zutaten oder Gerichte einzufrieren.

Allgemeine Hinweise

Bitte beachten Sie neben den folgenden Hinweisen auch die Tipps im Kapitel zur Küchenausstattung (siehe Seite 9), zum Einkauf (siehe Seite 13) und zur Lagerhaltung (siehe Seite 17).

Die **Rezepte** in diesem Buch sind immer berechnet, wenn nicht anders angegeben.

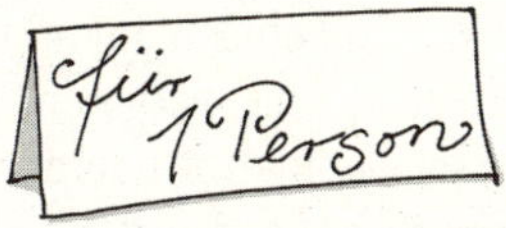

- Wählen Sie so weit wie möglich Zutaten aus **kontrolliert biologischem Anbau,** die zum Beispiel unter den Markenzeichen Bioland oder Demeter angeboten werden und die Sie überwiegend in Hof- und Naturkostläden sowie in Reformhäusern, aber auch in einigen Supermärkten mit hauptsächlich konventionellem Angebot erhalten. Kaufen Sie möglichst keine Zutaten mit Konservierungsmitteln, künstlichen Farbstoffen und synthetischen Vitaminen.
- **Einheimisches Obst** und **Gemüse** sollten Sie insbesondere dann verwenden, wenn es hierzulande frisch geerntet wird, dies spart Transport- und Energiekosten – und vielleicht noch wichtiger: Die verschiedenen Arten und Sorten schmecken dann am intensivsten und natürlichsten.
- Um mehr Platz für Rezepte und Tipps zu haben, verzichte ich in den Rezepten weitgehend auf Selbstverständlichkeiten. Sie wissen selbst, dass **Obst** und **Gemüse** gut **gewaschen,** gesäubert und – wenn unbedingt erforderlich – geschält werden muss, sodass ich nicht in jedem Rezept darauf hinweise.
- Ich verwende **Mehl, Grieß** und **Semmelbrösel** ausschließlich aus dem **vollen Korn,** das Getreide wird bei mir immer unmittelbar vor der Verarbeitung gemahlen – so bleiben die wertvollen Bestandteile des vollen Getreidekorns am besten erhalten. Daher empfehle ich eine Getreidemühle in jedem Haushalt, in dem auf Dauer vollwertig gekocht und gebacken wird. Wenn Sie das vollwertige Kochen und Backen erst einmal testen wollen, können Sie die entsprechenden Getreidemengen meist auch im Bioladen mahlen lassen.
- Bei **Nüssen** verwende ich meist die gebräuchlichen Arten wie Haselnüsse, Erdnüsse oder Walnüsse und Mandeln. Wenn Sie darüber hinaus weniger gebräuchliche Sorten, wie Cashewnüsse, einsetzen, erhöhen Sie die Variationsmöglichkeiten.
- Ich nehme ausschließlich Honig zum **Süßen.** Wer sich vegan ernährt, kann mit einem gewissen Verlust an Naturbelassenheit auch Sirupe oder Obstdicksäfte verwenden, auf raffinierten Zucker sollten Sie verzichten.

- Als **Fette** wähle ich nur kalt gepresste Öle – überwiegend Sonnenblumenöl, teilweise auch Olivenöl, zum Kochen und Braten besonders gern Erdnussöl – und Butter oder reine Pflanzenmargarine. Vermeiden Sie raffinierte Öle und gehärtete Margarinen, denn diese Produkte werden in ganz erheblichem Umfang industriell und chemisch bearbeitet.
- Bei den **Gewürzen** habe ich nicht immer und überall eine detaillierte Mengenangabe gemacht, denn wie hilfreich ist die Aussage »eine Messerspitze«? Dies kann stark variieren, je nachdem, ob Sie ein schmales oder breiteres Messer nehmen. Außerdem hat jeder seine eigenen Vorlieben und nimmt gerne mehr oder weniger Salz oder möchte ein anderes Gewürz mehr oder weniger betonen, als ich es vorgesehen habe. Gehen Sie deshalb bei den Gewürzen mit Gefühl vor und schmecken Sie Ihre Gerichte so ab, dass sie Ihnen munden.
- Ich setze nur **Salz** ohne Jodzusatz ein, entweder Meersalz pur oder Kräutersalz in den verschiedensten Ausprägungen.
- Wenn nicht anders angegeben, beziehen sich alle Angaben zur **Backtemperatur** und **Backzeit** in diesem Buch auf einen Elektrobackofen mit Ober- und Unterhitze. Alle Angaben gelten außerdem für einen **nicht vorgeheizten Backofen.** Bei einem Umluftherd oder einem Gasherd beachten Sie bitte die entsprechenden Angaben des Herstellers.
- Die Angabe der Backzeit ist immer nur eine ungefähre Angabe. Die Dicke des Kuchens, die Honigart und Unterschiede bei Backöfen können dazu führen, dass sich die angegebenen Zeiten verkürzen oder verlängern. Deshalb sollten Sie immer wieder einen Blick auf den Backvorgang werfen, denn zwischen noch nicht ganz fertig und verbrannt liegen oft nur wenige Minuten.
- Ich heize den Backofen meist nicht vor, wenn doch – wie bei Brandteigen –, ist es im Rezept entsprechend angegeben. Ich stelle den Kuchen also ins kalte Rohr und schalte erst dann den Ofen ein. Für dieses Vorgehen sind die Backzeiten und Backtemperaturen in diesem Buch ausgelegt. Backöfen brauchen unterschiedlich lange, bis sie eine bestimmte Temperatur erreicht haben, je nach Art (Elektroofen oder Gasofen), Modell und Alter. Wenn Sie im nicht vorgeheizten Backofen backen, Ihr Gebäck also in den kalten Ofen stellen und diesen erst dann anstellen, sollten Sie Ihr Gebäck – gerade bei kurzen Backzeiten – im Auge behalten.
- Wenn ich in meinem Backofen mit Umluft backe, reduziere ich die Temperatur um zwanzig bis fünfundzwanzig Prozent, halte allerdings die Zeitangaben wie beschrieben ein.

Grundlagen und Grundrezepte

Dieses Kapitel ist für alle Kochneulinge und noch nicht so Versierte gedacht, alle geübten Köchinnen und Köche können dieses Kapitel gerne überblättern, obwohl ich sicher bin, dass sich die eine oder der andere doch bei Gerichten, die man nicht so häufig zubereitet, hier vergewissern wird, wie es geht.

Wie schon beschrieben, ist es im Einpersonenhaushalt sinnvoll, manche Grundzutaten gleich für zwei oder drei Gerichte vorzubereiten, damit es sich lohnt und die folgenden Gerichte auch schneller gekocht sind (siehe Seite 18). Damit ich diese Grundrezepte bei den einzelnen Rezepten nicht wiederholen muss und weil ich vor allem nicht weiß, in welcher Reihenfolge Sie die Gerichte zubereiten, stelle ich Ihnen die wichtigsten Grundrezepte im Folgenden vor.

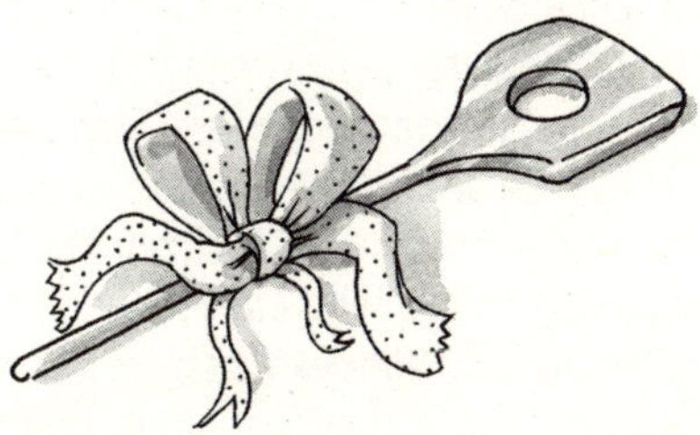

Kartoffeln

Möglichst gleich große Kartoffeln verwenden, diese gut waschen, in einen Topf mit Wasser geben, sodass die Kartoffeln gerade davon bedeckt sind. Topf abdecken, aufkochen und in das bereits warme Wasser ½ TL Kräutersalz geben. Wenn das Wasser kocht, die Temperatur zurückschalten und bei geringer Hitze je nach Kartoffelgröße 22 – 28 Minuten köcheln lassen. Die Kartoffeln herausnehmen und mit kaltem Wasser abschrecken. Gegebenenfalls etwas oder ganz abkühlen lassen und erst vor dem Weiterverarbeiten schälen.

Für folgende Gerichte in diesem Buch benötigen Sie bereits fertig gekochte Kartoffeln: Bohnen mit Birnen (siehe Seite 48), Gebratener Bleichsellerie mit Apfel-Zwiebel-Soße (siehe Seite 58), Überbackene Kartoffeln mit Mairübchen (siehe Seite 74), Kürbis-Bratkartoffeln (siehe Seite 72), Kartoffelgemüse mit Feldsalatpüree (siehe Seite 77), Kartoffel-Tofu-Pfanne mit Pfifferlingen (siehe Seite 78), Spargel im Kartoffelmantel (siehe Seite 80), Gnocchi (siehe Seite 82) und Mediterraner Auflauf (siehe Seite 120).

Süßkartoffeln

Das bei den Kartoffeln beschriebene Verfahren gilt auch bei Süßkartoffeln, allerdings müssen dickere Exemplare bis zu 35 Minuten gekocht werden. Wenn Sie Süßkartoffeln in der üblichen Kartoffelgröße haben, reichen auch schon knapp 20 Minuten.

Wenn ich sowohl Süßkartoffeln als auch Kartoffeln verwende, koche ich sie gemeinsam in einem Topf, wobei ich die größeren Süßkartoffeln zunächst alleine koche und die Kartoffeln erst nach 5 – 10 Minuten dazugebe.

Für folgende Gerichte in diesem Buch benötigen Sie bereits fertig gekochte Süßkartoffeln: Gefüllter Zucchino (siehe Seite 57), Vollkornspaghetti mit Chicorée (siehe Seite 87) und Trevisosalat (siehe Seite 31).

Getrocknete Bohnen

Getrocknete Bohnen wie weiße Dicke Bohnen oder Kidneybohnen über Nacht in Wasser einweichen, wobei das Wasser 3 – 4 cm über den Bohnen stehen sollte. Dann im Einweichwasser, gegebenenfalls zusammen mit Gewürzen oder körniger Gemüsebrühe, aufkochen und etwa 90 Minuten köcheln lassen, bis die Bohnen weich sind. Die Kochzeit kann je nach Sorte und Verwendung etwas variieren. Anschließend entsprechend dem Rezept weiterverwenden.

Werden nicht alle gekochten Bohnen benötigt, können diese im Kochwasser im Kühlschrank einige Tage aufgehoben werden.

Tipp! Gewürze und Kräuter wie Kreuzkümmel, Koriander, Rosmarin, Bohnenkraut und Senfkörner helfen, Blähungen vorzubeugen.

Getrocknete Sojabohnen

Getrocknete Sojabohnen über Nacht in reichlich warmem Wasser einweichen. Einweichwasser weggießen und zum Kochen frisches Wasser verwenden, wobei das Wasser 3 – 4 cm über den eingeweichten Bohnen stehen sollte. 1 EL Öl dazugeben und etwa 2 Stunden köcheln lassen, bis die Bohnen weich sind. Die weichen Bohnen können dann weiterverwendet werden.

Werden nicht alle gekochten Sojabohnen benötigt, können diese im Kochwasser im Kühlschrank einige Tage aufgehoben werden.

Tipp! Manchmal bildet sich auch nach längerem Einweichen beim Kochen Schaum, den ich immer abschöpfe. Außerdem entferne ich die sich während des Einweichens und Kochens hin und wieder ablösenden Samenhäute.
Sie können die Bohnen auch mit weniger Wasser im Dampfdrucktopf kochen, dann sollten Sie zusätzlich noch 1 EL Öl in das Wasser geben, nach 30 Minuten sind die Sojabohnen weich.

Getrocknete Erbsen

Getrocknete Erbsen über Nacht oder zumindest einige Stunden in Wasser einweichen, wobei das Wasser 3 – 4 cm über den Erbsen stehen sollte.

Dann im Einweichwasser, gegebenenfalls zusammen mit Gewürzen oder körniger Gemüsebrühe, aufkochen und etwa 60 Minuten köcheln lassen, bis die Erbsen weich sind. Anschließend entsprechend dem Rezept weiterverwenden.

Werden nicht alle gekochten Erbsen benötigt, können diese im Kochwasser im Kühlschrank einige Tage aufgehoben werden.

Getrocknete Kichererbsen

Getrocknete Kichererbsen über Nacht oder mindestens 12 Stunden in reichlich Wasser einweichen. Restliches Einweichwasser wegschütten und die Kichererbsen gut spülen. Gequollene Kichererbsen in frischem Wasser (etwas weniger Wasser, als zum Einweichen benötigt wurde) 75 – 90 Minuten sprudelnd weich kochen. Schneller geht es im Dampfdrucktopf, hier dauert es nur 20 – 25 Minuten. Vergessen Sie in diesem Fall aber nicht, 1 EL Öl ins Kochwasser zu geben.

Werden nicht alle gekochten Kichererbsen benötigt, können diese im Kochwasser im Kühlschrank einige Tage aufgehoben werden.

Tipp! Die Kochzeit können Sie etwas verkürzen, indem Sie etwas Natron ins Einweichwasser geben.
Entfernen Sie so weit wie möglich vor dem Weiterverwenden die durch Einweichen und Kochen abgelösten Samenhäute der Kichererbsen.

Linsen

Getrocknete Linsen je nach Sorte einige Stunden in Wasser einweichen (rote Linsen und Beluga-Linsen müssen nicht eingeweicht werden), wobei das Wasser 3 – 4 cm über den Linsen stehen sollte.

Dann im Einweichwasser bei schwacher Hitze 45 – 60 Minuten garen, bis die Linsen weich sind (rote Linsen und Beluga-Linsen sind schon nach 20 Minuten weich).

Nach etwa zwei Dritteln der Kochzeit nach Belieben körnige Gemüsebrühe, klein geschnittene Zwiebeln, Lorbeerblätter oder andere Gewürze dazugeben.

Wenn es schnell gehen soll, kochen Sie die Linsen ohne Einweichen im Wasser sofort auf, schalten nach einigen Minuten die Platte ab, lassen den Topf mit Deckel aber noch 30 – 40 Minuten auf der Herdplatte stehen, kochen dann die Linsen nochmals auf und lassen sie 30 – 45 Minuten köcheln, bis sie weich sind.

Werden nicht alle gekochten Linsen benötigt, können diese im Kochwasser im Kühlschrank einige Tage aufgehoben werden.

Reis

Bei ungeschältem Vollkornreis hängt die Kochzeit natürlich auch von der Sorte ab. Den von mir sehr häufig verwendeten Basmati-Vollkornreis koche ich in der zwei- bis zweieinhalbfachen Menge Wasser oder Gewürzwasser (siehe Seite 25) in 30 – 40 Minuten gar, gegebenenfalls muss man noch Flüssigkeit dazugeben. Ich liebe den Reis relativ weich, wer ihn etwas fester wünscht, sollte sich an die untere Grenze bezüglich der zugegebenen Wassermenge halten. Kräutersalz und andere Gewürze gebe ich erst zum Ende der Kochzeit hinzu.

Um die Garzeit beim Kochen zu verkürzen, gebe ich den Reis in das Wasser, koche ihn auf, schalte die Herdplatte ab, lasse den Topf mit Deckel aber auf dem Herd stehen und den Reis quellen. Wenn Sie den Reis dann nach einigen Stunden gar kochen, brauchen Sie meist nur noch die Hälfte der angegebenen Kochzeit.

Für folgende Gerichte in diesem Buch benötigen Sie bereits fertig gekochten Reis: Reissalat (siehe Seite 36), Auberginen-Reis-Küchle (siehe Seite 105), Reisküchle (siehe Seite 104) und Reis-Blumenkohl-Auflauf (siehe Seite 112).

Hirse

Die Hirsekörner heiß waschen. Das Wasser durch ein Sieb abtropfen lassen. Hirse mit der dreifachen Menge Wasser, Gemüsebrühe oder Gewürzwasser (siehe Seite 25) bei mittlerer Hitze aufkochen und 10 – 15 Minuten köchelnd quellen lassen, gegebenenfalls etwas Flüssigkeit nachgießen.

Weizen und Roggen

Zwar gibt es in diesem Buch keine expliziten Getreidekörnerrezepte, aber Sie können Weizenkörner und Roggenkörner ebenso wie Reis einsetzen oder als Teile eines Salats, einer Suppe oder eines Eintopfs verwenden. Daher möchte ich Ihnen hier ein einfaches Grundrezept vorstellen, da das Getreidekörnerkochen vielfach sehr aufwendig beschrieben wird.

100 g Weizenkörner oder Roggenkörner in 220 ml Wasser zugedeckt aufkochen, auf kleiner Hitze 5 – 10 Minuten köcheln lassen, dann die Herdplatte ausschalten und den Topf mit Deckel darauf stehen lassen. Nach einigen Stunden nochmals aufkochen und weitere 10 – 15 Minuten köcheln lassen, gegebenenfalls noch etwas Flüssigkeit zugeben.

Gewürzwasser

Ich koche meist 1 – 1,5 l Wasser mit 2 – 3 Gewürznelken, etwas Zimtrinde, klein geschnittenem, frischem Ingwer, einigen Koriandersamen sowie einer Kardamomkapsel auf, lasse den Topf auf der ausgeschalteten Herdplatte stehen und die Gewürze 20 Minuten ziehen. Dann verwende ich das Wasser zum Kochen von Reis, Hirse oder Hülsenfrüchten oder als Grundlage für einen indischen Tee (siehe Seite 170).

Am besten geben Sie die Gewürze in einen Teebeutel, dann lassen sie sich zum einen leicht entfernen und eventuell auch noch ein zweites Mal verwenden.

Kleine Mengenlehre

Nachstehend einige Angaben zum Gewicht trockener Zutaten und dem Gewicht dieser Zutaten im gekochten Zustand, wobei sich jeweils das Verhältnis ändern kann, je nachdem, wie weich Sie die Zutat kochen, wie viel Flüssigkeit also beim Kochen aufgenommen wird.

- 100 g ungekochter Vollkornreis ergibt 300 – 350 g gekochten Vollkornreis.
- 100 g ungekochte Weizenkörner oder Roggenkörner ergeben 150 – 180 g gekochte Körner.
- 100 g rohe Linsen ergeben 280 – 300 g im gekochten Zustand.
- 100 g rohe Sojabohnen oder Kichererbsen ergeben 250 – 280 g im gekochten Zustand.
- 100 g ungekochte Vollkornnudeln ergeben etwa 200 g nach dem Kochen.

Zeichenerklärung

Rezepte mit diesem Symbol sind **tierisch-eiweißfrei** und **vegan** und somit besonders geeignet für alle, die sich ohne tierisches Eiweiß oder vegan ernähren wollen oder müssen.

Ist ein Rezept mit diesem Symbol gekennzeichnet, bedeutet dies, dass dort Milchprodukte, die **nur geringe Mengen tierisches Eiweiß** enthalten, verwendet werden, zum Beispiel Butter oder Sahne. Meist können diese Rezepte durch Ersatz von Butter durch Öl oder Pflanzenmargarine problemlos tierisch-eiweißfrei zubereitet werden. Gegebenenfalls müssen Sie außerdem den angegebenen Honig durch Sirup ersetzen, damit ein solches Rezept auch in die vegane Küche passt.

Salate

Zu jeder Mahlzeit gehört in der Vollwerternährung als Einstieg ein Salat, am besten mit viel frischem Gemüse oder Rohkost. Für mich ist eine Mahlzeit ohne Salat kaum denkbar. Nicht selten ersetzt der Salat bei mir auch das Hauptgericht.

Im Folgenden stelle ich Frisches vor, aber auch Kombinationen mit gekochten Bestandteilen, um die Geschmacksvielfalt zu erhöhen.

Die Art der Gemüsevorbereitung und insbesondere das Schneiden und Zerkleinern der Salatbestandteile haben große Auswirkungen auf den Geschmack des Salats. Das können Sie bei diesem Salat besonders gut testen. Genießen Sie das Rezept einmal wie beschrieben und nehmen Sie dann die gleichen Zutaten und würfeln das Gemüse oder schneiden es in Scheiben. Es schmeckt jedes Mal anders, aber immer gut.

Bunter Raspelsalat

100 g Kohlrabi, 100 g Radieschen, 50 g Möhren 50 g Gurken	und grob raspeln.
1 EL weißen Balsamico-Essig, 1 EL Gemüsebrühe, 2 EL Olivenöl, Kräutersalz, Pfeffer, Paprikapulver, Cayennepfeffer klein geschnittenes Basilikum	und zu einer Marinade verrühren. Über das Gemüse gießen und gut durchmischen, einige Minuten ziehen lassen, dann
1 Handvoll Kresse	darüberstreuen.

Tipp! Sie können das Verhältnis der Gemüsezutaten variieren oder auch andere Gemüsearten verwenden, Sellerie oder Pastinake sollten Sie fein reiben.

Wenn Zwiebeln und Knoblauch für Sie zu einem Salat gehören, brauchen Sie auch bei diesem Salat nicht darauf verzichten.

Man kann auch noch gehackte Nüsse oder für eine nicht vegane Version des Salates statt Gemüsebrühe zwei Esslöffel Joghurt dazugeben.

Vielleicht erscheint Ihnen die Zusammenstellung der Zutaten dieses Gurkensalats etwas exotisch, aber lassen Sie sich einfach überraschen.

Gurkensalat spezial

200 g Gurken	mit der Schale in dünne Scheiben schneiden, ebenso mit
3 – 4 Radieschen	verfahren.
1 Frühlingszwiebel	in dünne Streifen schneiden. Alles vermischen. Aus
2 EL Apfelessig, 2 EL Schmand, 3 EL Olivenöl, Kräutersalz, Pfeffer	und
Cayennepfeffer	eine Marinade herstellen, über die Gurken und Radieschen gießen.
1 Banane	schälen, in dünne Scheiben schneiden und unter den Salat heben.

Tipp! Wenn Sie keinen Schmand zur Hand haben, gelingt es auch mit Joghurt oder Gemüsebrühe bestens.
Gut schmeckt der Salat auch mit Tomaten.

Ein weiteres Rezept mit frischen Gurken, aber ein ganz anderer Salat, der seinen besonderen Geschmack durch fein geriebenen Brokkoli und Blumenkohl erhält.

Gurkensalat mit Brokkoli und Blumenkohl

1 EL Apfelessig	mit
2 EL Joghurt	und
2 EL Olivenöl,	
Kräutersalz,	
Pfeffer	und
Paprikapulver	zu einer Marinade verrühren.
50 g Brokkoli	und
50 g Blumenkohl	fein in die Marinade reiben.
150 g Gurken	in sehr dünne Scheiben schneiden, zur Marinade geben und gut durchmischen, einige Minuten ziehen lassen.

Tipp! Statt Joghurt verwende ich gerne eine Gemüsesoße. Hervorragend hat mir diese Variante geschmeckt: Ich hatte vom Kichererbsencurry mit Tomatenrahm (siehe Seite 46) zwei Esslöffel Curry und einen Esslöffel Tomatenschlagsahne übrig, diese beiden Zutaten vermischt, im Kühlschrank aufbewahrt und sie am nächsten Tag statt des Joghurts in die Salatmarinade gemischt.

Der *Radicchio rosso di Treviso* – kurz Treviso – gehört zur Familie der Korbblütengewächse und ist eine Radicchioart mit weinroten, langen, lanzettförmigen Blättern mit dicken weißen Mittelrippen und ähnelt in seiner Form dem Chicorée. Sein bitterer Geschmack hebt ihn aus jedem Salat hervor. Im folgenden Rezept ist er Hauptbestandteil. Wer es etwas milder liebt, kann einen Teil des Treviso durch Chinakohl oder einen anderen Blattsalat ersetzen.

Trevisosalat

50 g gekochte Süßkartoffeln	mit der Gabel zerdrücken und mit
2 EL Joghurt,	
1 – 2 EL Apfelessig,	
3 – 4 EL Sonnenblumenöl,	
Kräutersalz	und
Pfeffer	zu einer Marinade verrühren.
50 g Champignons	in dünne Scheiben schneiden und unterheben.
80 g Treviso	in dünne Streifen schneiden und ebenfalls unterheben. Mit
1 – 2 EL Kresse	bestreut servieren.

Tipp! Die Marinade passt auch zu Chicorée, Chinakohl oder Eisbergsalat.

Diesen Salat liebe ich besonders in der kalten Jahreszeit, wenn es sonst nicht so viel Frisches gibt.

Chinakohlsalat

30 g Blauschimmelkäse	mit einer Gabel fein zerdrücken. Mit
2 EL saurer Sahne,	
1 EL Balsamico-Essig	sowie
Kräutersalz,	
Pfeffer	und
Paprikapulver	verrühren.
3 – 4 Blätter Chinakohl	und
1 kleinen Chicorée	in dünne Streifen schneiden.
	Alles gut durchmischen und mit
1 EL klein gehackten	
Walnüssen	bestreuen.

Tipp! Optisch interessanter wirkt der Salat mit Treviso (siehe auch Seite 31) oder Radicchio.
Wer möchte, kann auch noch eine grob geraspelte kleine Möhre oder einen halben gewürfelten Apfel dazugeben.

Ein Apfel täglich hält gesund, so sagt eine alte Lebensweisheit. Dieses Obst passt auch zu einem pikanten Salat.

Apfelsalat

2 EL Apfelessig	mit
3 EL Gemüsebrühe,	
4 EL Sonnenblumenöl,	
Kräutersalz,	
Pfeffer	und
mildem Paprikapulver	zu einer Marinade verrühren.
1 kleinen Apfel	entkernen, klein würfeln und in die Marinade geben.
50 g Champignons	in dünne Scheiben schneiden und dazugeben.
40 g Appenzeller	klein würfeln. Alles gut verrühren und einige Minuten ziehen lassen.
1 Handvoll Feldsalat	darübergeben, unterheben und sofort servieren.

Tipp! Man kann auch noch klein gewürfelte Zwiebeln oder in feine Streifen geschnittenen, rohen oder kurz angebratenen Lauch dazugeben.

Für eine vegane Variante wählen Sie statt des Käses angebratene Tofuwürfel.

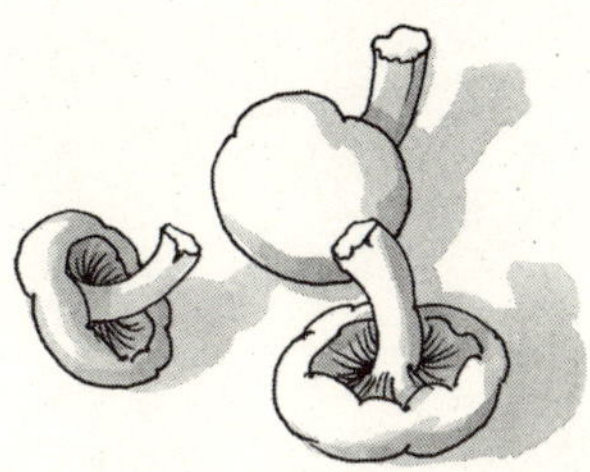

Ein kleiner Salat, gerade recht vor einer kräftigen Hauptmahlzeit.

Rucola-Pilz-Salat

1 EL weißen Balsamico-Essig	mit
2 EL Gemüsebrühe,	
2 EL Olivenöl,	
Kräutersalz	und
Pfeffer	zu einer Marinade verrühren.
80 g Champignons	in dünne Scheiben schneiden und sofort in die Marinade rühren.
1 gute Handvoll Rucola	ohne Stiele dazugeben, größere Blätter gegebenenfalls vorher teilen.
2 – 3 Radieschen	in dünne Scheiben schneiden und dazugeben. Einige Minuten durchziehen lassen und servieren.

Tipp! Wer außerdem ein bis zwei Bärlauchblätter zur Hand hat, kann sie klein geschnitten dazugeben. Um den Salat etwas nahrhafter zu machen, können Sie zusätzlich ein bis zwei gekochte Kartoffeln grob in die Marinade raspeln.

Rucola schmeckt auch gut mit klein geschnittenem Lauch, Tomaten und dazu für eine nicht tierisch-eiweißfreie Variante Mozzarella oder Emmentaler, und wer mutig ist, gibt statt des Käses eine klein geschnittene Banane dazu.

Bohnen waren mir in meiner Jugend ein Graus, aber richtig zubereitet sind sie in Wirklichkeit etwas ganz Tolles.

Bohnen-Nudel-Salat

100 g Vollkornspirelli	in Wasser mit
etwas Kräutersalz	nach Packungsanleitung weich kochen und abgießen.
150 g grüne Bohnen	putzen, in 2 – 3 cm lange Stücke schneiden und in wenig Wasser 20 Minuten kochen. Bohnen mit
4 – 5 Kirschtomaten	zu den warmen Nudeln geben.
80 g Crème fraîche	mit
Kräutersalz,	
Pfeffer	und
Currypulver	kräftig abschmecken und über die Nudelmischung geben. 20 – 30 Minuten ziehen lassen und mit
klein geschnittenem Basilikum	servieren.

Tipp! Bohnen schmecken auch gut im Kartoffelsalat oder mit Tomaten und Zwiebeln in einer Essig-Öl-Marinade.

Lauwarmer Reissalat an einem Sommerabend auf der Terrasse – was kann es Besseres geben? Vor allem aber ist dieser Salat eine vollwertige Mahlzeit.

Reissalat

1 – 2 Tomaten	achteln.
50 g Gurken	und
4 – 5 Radieschen	in dünne Scheiben schneiden.
1 Frühlingszwiebel	in schmale Streifen schneiden.
50 g Cheddar	klein würfeln. Alles mit
100 g gekochtem, noch warmem Basmati-Vollkornreis	mischen. Aus
2 EL weißem Balsamico-Essig, 5 EL Gemüsebrühe, 4 EL Olivenöl, Kräutersalz, gemahlenem Ingwer, Pfeffer, Paprikapulver	und
gerebeltem Oregano	eine Marinade herstellen, über den Salat gießen und gut durchmischen. Mit
klein geschnittenem Schnittlauch	bestreut servieren.

Tipp! Vegan wird das Gericht, wenn Sie den Käse durch frische oder gebratene Pilze oder angebratene Tofuwürfel ersetzen.
Ich liebe Reissalat auch nur mit in Ringe geschnittenem Lauch, der unter den noch heißen Reis gemischt wird.

Suppen und Eintöpfe

Manchmal ist die Unterscheidung von Suppe und Eintopf schwierig, daher fasse ich beide in einem gemeinsamen Kapitel zusammen. Wichtig ist hier, wie bei allen vollwertigen Gerichten, dass das Gemüse noch bissfest serviert und nicht völlig zerkocht wird.

Suppen und Eintöpfe lassen sich sehr gut aufbewahren, sodass Sie immer die doppelte oder dreifache Menge zubereiten können. Im Kühlschrank aufbewahrt, halten sich Suppen und Eintöpfe mindestens einen Tag frisch, und Sie können sie auch sehr gut einfrieren. Lagern Sie Suppen im Kühlschrank und im Gefriergerät am besten in Plastikdosen mit Deckel. Bleibt nur wenig übrig, können Sie aus den Resten auch leicht einen Aufstrich oder eine Soße zubereiten.

Tomatensuppen werden meist püriert. Pürieren ist auch bei der folgenden Suppe möglich, ich ziehe in diesem Fall aber die nicht pürierte Variante vor.

Bunte Tomatensuppe

1 kleine Zwiebel	und
1 Knoblauchzehe	schälen, fein hacken und in
2 EL Olivenöl	kurz anbraten.
	In einem Topf Wasser aufkochen,
3 – 4 Tomaten	kurz ins kochende Wasser geben, herausnehmen und die Haut abziehen. Tomaten klein schneiden, zur Zwiebel geben.
50 g Zucchini	und
50 g Kohlrabi	in kurze, schmale Stifte schneiden und mit
150 ml Gemüsebrühe	und
klein geschnittenem Basilikum	zu den Tomaten geben, aufkochen und knapp 10 Minuten köcheln lassen. Mit
Kräutersalz, Paprikapulver, Pfeffer, Chilipulver	und
Sojasoße	würzen. Die Hälfte der Suppe aus dem Topf nehmen und zur späteren, anderweitigen Verwendung pürieren (siehe Tipp).
50 g Emmentaler	grob reiben, in die restliche Suppe geben und kurz mitkochen lassen. Nochmals abschmecken.

Tipp! Statt Kohlrabi passt auch Fenchel oder Kürbis und statt Knoblauch wähle ich gerne frischen, klein geschnittenen Ingwer.
Geben Sie nach Geschmack noch Schlagsahne oder Joghurt dazu – dann die Suppe nicht mehr kochen lassen.
Wer die Suppe gern sämiger hat, kann sie im Ganzen pürieren oder einen Esslöffel Dinkelvollkorngrieß oder Vollkornmehl einrühren. Die pürierte Suppe lässt sich gut für Pizza verwenden (siehe Seite 96).

Wenn Sie am Vortag Pfannkuchen mit Obstmus oder Gemüsepüree essen und hierbei ein oder zwei Pfannkuchen mehr backen, haben Sie bereits die Grundlage dieser leckeren, bei schwäbischen Hausfrauen und Hausmännern hoch im Kurs stehenden Suppe.

Schwäbische Flädlesuppe

300 ml Gemüsebrühe	aufkochen,
30 g Möhren (3 – 5 cm)	fein raspeln,
30 g Lauch (4 – 5 cm)	fein schneiden.
1 – 2 Pfannkuchen (siehe Seite 142)	in dünne Streifen schneiden, mit dem Gemüse in die Gemüsebrühe geben und einige Minuten mitköcheln lassen. Mit
Kräutersalz	und
Pfeffer	würzen und mit
1 EL Schnittlauch	bestreut servieren.

Tipp! Auch Kürbis und im Sommer Zucchini eignen sich gut, Kohlrabi und Sellerie schmecken zwar ebenfalls ausgezeichnet in dieser Suppe, wirken jedoch farblich etwas fad.

Ein Rezept mit vielen Varianten, die alle einfach zuzubereiten sind und vorzüglich schmecken – selbst einem Suppenkaspar wie mir, wobei Rote Bete und Kürbis meine absoluten Lieblinge sind.

Gemüsecremesuppe

1 kleine Zwiebel	schälen, fein würfeln, in
20 g Butter	kurz anbraten, dann
250 ml Gemüsebrühe	zugießen.
200 g Süßkartoffeln	schälen, in dünne Scheiben schneiden und gut 10 Minuten in der Brühe kochen. In der Zwischenzeit
200 g Gemüse (wie Sellerie, Möhren, Lauch)	klein schneiden, ebenfalls in die Brühe geben und weitere 8 – 10 Minuten köcheln lassen. Vom Herd nehmen und pürieren.
3 – 4 EL Schlagsahne	einrühren und mit
Kräutersalz, Pfeffer, gemahlenen Fenchelsamen, Paprikapulver, frisch geriebenem Muskat, gemahlenem Kreuzkümmel	und
Chilipulver	kräftig würzen. Bei Bedarf noch etwas Gemüsebrühe oder Schlagsahne dazugeben, damit die Suppe die richtige Konsistenz bekommt. Nach Belieben mit
frischen, klein gehackten Kräutern	bestreut servieren.

Tipp! Auch mit nur einer Gemüseart, zum Beispiel Sellerie, Kürbis oder Roter Bete, schmeckt die Cremesuppe sehr gut.
Die Süßkartoffeln können Sie durch Kartoffeln ersetzen.

Während die Gemüsecremesuppe (siehe Seite 40) sehr fein püriert wird, sollten Sie beim Essen der folgenden Suppe noch kleine Blumenkohlstückchen und Zucchiniwürfelchen auf der Zunge spüren.

Blumenkohlsuppe

100 g Kartoffeln	schälen, in dünne Scheiben schneiden und sofort in
250 ml Gemüsebrühe	geben.
etwa 150 g Blumenkohl	in Röschen teilen, mit den Kartoffeln aufkochen und gut 10 Minuten köcheln lassen. Dann nicht zu fein pürieren.
100 g Zucchini	klein würfeln, in das Püree geben, mit
Kräutersalz, gerebeltem Oregano, Pfeffer, edelsüßem Paprikapulver, frisch geriebenem Muskat, Cayennepfeffer	und
1 TL Sojasoße	würzen, gegebenenfalls noch
etwas Wasser	dazugeben. Das Ganze nochmals aufkochen und gut 5 Minuten köcheln lassen. Mit
klein geschnittener Petersilie	bestreut servieren.

Tipp! Wer will, kann auch noch kurz angebratene Zwiebelwürfel dazugeben.

Statt Zucchini eignen sich auch Gurken oder rote Paprika.

Für eine nicht tierisch-eiweißfreie Variante rühren Sie einen Esslöffel Schlagsahne oder einen Esslöffel geriebenen Parmesan unter.

Reis – nicht als ganzes Korn, sondern fein gemahlen – bildet die Grundlage dieser feinen Suppe.

Reissuppe

30 g roten Camargue-Reis	fein mahlen.
300 ml Gemüsebrühe	aufkochen, das Reismehl einrühren und 8 – 10 Minuten köcheln lassen.
50 g Pastinaken	fein reiben und einige Minuten mitkochen. Mit
Kräutersalz, Pfeffer, Chilipulver, gemahlenem Koriander	und
gemahlenem Kreuzkümmel	kräftig würzen. Vom Herd nehmen und
2 – 3 EL Joghurt	einrühren.

Tipp! Statt Pastinaken können Sie auch Sellerie oder Petersilienwurzeln verwenden.
Für eine vegane Variante der Reissuppe rühren Sie statt Joghurt etwas Sojasahne in die Suppe.

Topinambur war lange Zeit fast vergessen und wurde kaum verwendet, mittlerweile erhält man ihn hierzulande wieder während der Erntezeit von Oktober bis Mai in gut sortierten Gemüseläden oder an Biomarktständen.

Süßkartoffel-Topinambur-Eintopf

½ Zwiebel	schälen, fein würfeln und in
1 EL Erdnussöl	kurz anbraten. Dann
500 ml Gemüsebrühe	zugießen.
200 g Süßkartoffeln,	
150 g Topinambur	und
50 g Sellerie	schälen und grob reiben, in die Gemüsebrühe geben und gut 10 Minuten köcheln lassen.
50 g Möhren	grob reiben und einige Minuten mitkochen. Mit
Kräutersalz,	
Pfeffer,	
Paprikapulver,	
gerebeltem Oregano,	
frisch geriebenem Muskat,	
gemahlenem Kreuzkümmel	und
Cayennepfeffer	kräftig würzen.
20 g Mandeln (etwa 15 Stück)	grob hacken und vor dem Servieren über den Eintopf geben.

Tipp! Als Alternative zu Sellerie und Möhren passt ein geschälter und grob geriebener Apfel.
Auch andere Gemüsearten wie Pastinaken oder Steckrüben eignen sich gut für diesen Eintopf.

Indisch inspirierte Gerichte dürfen in meinen Kochbüchern nicht fehlen, denn ich liebe die indische Küche.

Blumenkohl-Kartoffel-Curry

1 kleine Zwiebel	schälen und fein würfeln,
10 g Ingwer (2 – 4 cm)	schälen und reiben, beides mit
1 kleinen getrockneten Chilischote,	
einigen Korianderkörnern	und
einigen Zwiebelsamen	in
2 EL Erdnussöl	erhitzen und kurz anbraten.
250 ml Gemüsebrühe	dazugießen.
200 g Kartoffeln	schälen, in dünne Scheiben schneiden, in die Gemüsebrühe geben und insgesamt etwa 20 Minuten köcheln lassen.
100 g Süßkartoffeln	schälen, in dünne Scheiben schneiden und nach 5 Minuten Kochzeit dazugeben.
150 – 200 g Blumenkohl	in kleine Röschen teilen und noch knapp 10 Minuten mitkochen lassen.
30 g Lauch (4 – 5 cm)	in dünne Streifen schneiden.
Gewürze nach Wahl (wie Paprikapulver, Kurkuma, gemahlener Kreuzkümmel, gemahlener Kardamom)	in
1 EL Wasser	verrühren und mit dem Lauch zum Curry geben. Die letzten 5 Minuten mitkochen lassen. Vor dem Servieren die Chilischote – wenn möglich – entfernen und mit
Kräutersalz	und
Pfeffer	abschmecken.

Tipp! Dazu passt Basmati-Vollkornreis, vielleicht mit Gewürznelken gewürzt. Wem das Curry zu flüssig ist, kann zusätzlich einen Esslöffel Vollkornsemmelbrösel oder Dinkelvollkorngrieß einrühren.

Auch dieses Gemüsecurry ist indisch inspiriert. Es handelt sich um eine Art Gemüseeintopf. Statt der Einzelgewürze können Sie aber auch eine passende Gewürzmischung verwenden.

Gemüsecurry mit Gewürzreis

	Für den **Gewürzreis**
300 ml Wasser	mit
2 Gewürznelken	und
1 Kardamomkapsel	aufkochen. Dann
100 g Basmati-Vollkornreis	hineingeben und auf kleiner Hitze in 30 – 40 Minuten weich kochen. Gewürznelken und Kardamomkapsel aus dem Reis nehmen.
	Für das **Gemüsecurry**
½ rote Zwiebel	und
10 g Ingwer (2 – 4 cm)	schälen und fein würfeln. Beides in
2 EL Erdnussöl	kurz anbraten, dann
200 ml Gemüsebrühe	dazugießen und aufkochen.
2 mittelgroße Kartoffeln	schälen und klein würfeln, in die Brühe geben und gut 15 Minuten köcheln lassen.
1 kleinen schwarzen Rettich,	
100 g Kürbis	und
100 g Kohlrabi	klein würfeln und mit
1 kleinen getrockneten Chilischote	knapp 10 Minuten in der Gemüsebrühe mitdünsten.
1 kleine Lauchstange	in etwa 1 cm breite Streifen schneiden und einige Minuten mitdünsten. Die Chilischote möglichst entfernen, das Curry mit
Kräutersalz, Pfeffer, Paprikapulver, gemahlenem Kreuzkümmel	und
gemahlener Muskatblüte	kräftig würzen und zum Reis servieren.

Tipp! Für eine nicht vegane Version servieren Sie gewürzten Joghurt dazu.

Neben Linsen sind Kichererbsen meine bevorzugten Hülsenfrüchte, die ich aber eher in den Wintermonaten und weniger im Sommer genieße. Reste dieses Currys lassen sich gut aufbewahren, einfrieren oder auch zu einem pikanten Aufstrich verarbeiten.

Kichererbsencurry mit Tomatenrahm

	Für das **Kichererbsencurry**
1 kleine Zwiebel	schälen und würfeln.
1 Knoblauchzehe	schälen und fein hacken. Beides mit
1 getrockneten Chilischote	in
10 g Butter	
oder 1 EL Erdnussöl	kurz anbraten.
100 g Süßkartoffeln	schälen und grob würfeln, mit
250 ml Gemüsebrühe	zu den Zwiebeln geben und 10 Minuten köcheln lassen. Die Chilischote nach Möglichkeit entfernen und die Süßkartoffelwürfel etwas stampfen.
150 g Blumenkohl	und
150 g Brokkoli	in kleine Röschen teilen.
1 kleine Fenchelknolle	zuerst in Ringe schneiden und diese dann halbieren oder vierteln. Alles mit
100 g gekochten Kichererbsen (siehe Seite 23)	nochmals 8 – 10 Minuten köcheln lassen. Mit
Kräutersalz,	
gemahlenen Fenchelsamen,	
Kümmel,	
Paprikapulver	und
Pfeffer	kräftig würzen. Vom Herd nehmen und sofort servieren.

Für den **Tomatenrahm**

50 ml Schlagsahne — sehr steif schlagen, mit

1 TL Tomatenmark,
Kräutersalz,
Pfeffer — und
Paprikapulver — mild würzen und zu dem Curry servieren.

Tipp! Statt der Tomatenschlagsahne können Sie auch gewürzten Schmand oder Joghurt servieren.
Im Sommer schmeckt der Tomatenrahm auch mit einer kleinen geschälten und pürierten Tomate statt mit Tomatenmark.
Verwenden Sie übrige Kichererbsen für ein anderes Gericht wie Kichererbsenküchle (siehe Seite 106).

Obst und Gemüse bilden oft eine unwiderstehliche Mischung, so auch hier.

Bohnen mit Birnen

200 g grüne Bohnen	putzen, die Enden abschneiden und die Bohnen in etwa 5 cm lange Stücke schneiden. Mit
etwas Kräutersalz	in Wasser aufkochen und etwa 10 Minuten köcheln lassen. Dann gut zwei Drittel der Bohnen herausnehmen und abtropfen lassen, die restliche Bohnen noch 5 Minuten weiterköcheln lassen, dann ebenfalls abtropfen lassen und für einen Salat (siehe Seite 35) am nächsten Tag beiseite stellen.
1 Frühlingszwiebel	klein schneiden.
1 Knoblauchzehe oder 5 g Ingwer (1 – 2 cm)	schälen, fein hacken, mit der Frühlingszwiebel in
2 EL Rapsöl	anbraten und einige Minuten braten.
1 – 2 EL gemahlene Haselnüsse	dazugeben und kurz mitbraten. Mit
100 ml Gemüsebrühe	ablöschen, die Bohnen dazugeben und nochmals aufkochen.
1 gekochte Kartoffel (etwa 150 g)	schälen und würfeln, zu den Bohnen geben.
1 Birne	schälen, entkernen, würfeln und mit den Bohnen und Kartoffeln gut 5 Minuten kochen. Mit
Kräutersalz, Paprikapulver, gemahlenen Fenchelsamen, gerebeltem Majoran, Pfeffer	und
1 TL Sojasoße	kräftig würzen und servieren.

Tipp! Wer will, kann zusätzlich hundert Gramm marinierte Tofuwürfel dazugeben oder – wenn es nicht vegan sein soll – noch etwas Schlagsahne, saure Sahne oder Joghurt einrühren.
Statt Birne schmeckt auch Apfel gut und versuchen Sie auch einmal Bohnenkraut als Gewürz.
Wenn Sie gekochte Süßkartoffeln zur Hand haben, können Sie diese ebenfalls – zusätzlich oder statt der Kartoffel – gewürfelt in diesen Eintopf geben.
Wer Erbsen liebt, kann diese statt der Bohnen verwenden.
In den Wintermonaten passen auch Kidneybohnen sehr gut zu den Birnen.
Nehmen Sie Semmelbrösel statt der gemahlenen Haselnüsse, wenn Sie keine Nüsse vertragen.

Gemüsegerichte

Gemüse ist zentraler Bestandteil der Vollwertküche und der Hauptgerichte, ganz im Gegensatz zur herkömmlichen Küche, in der Gemüse eher für untergeordnete Beilagen verwendet wird. Welch ein Verzicht auf Geschmack und Vielfalt dies ist, zeigen Ihnen nachdrücklich die folgenden Gerichte.

Hier ein Gericht, das besonders schnell geht, wenn Sie am Vortag bereits Gemüse für ein anderes Gericht, beispielsweise Gemüsecremesuppe (siehe Seite 40), gedünstet haben und die entsprechende Menge für das folgende Ofengemüse mitgedünstet und beiseite gestellt haben.

Ofengemüse

250 g Gemüse (wie Zwiebeln, Kohlrabi, Möhren, Fenchel, Rettich)	putzen, grob würfeln und über
Gemüsebrühe	5 – 8 Minuten dünsten, das Gemüse muss bissfest oder noch etwas fester sein. In eine Schüssel geben, mit
Kräutersalz, Pfeffer, Paprikapulver, gerebeltem Thymian	und
frisch geriebenem Muskat	kräftig würzen. Eine Auflaufform mit
Pflanzenmargarine	gut einfetten. Das Gemüse hineingeben und im nicht vorgeheizten Backofen bei 180 °C 15 – 20 Minuten backen.

Tipp! Zum Ofengemüse passt jede Gemüse- oder Joghurtsoße, ich mag es am liebsten mit einem pikanten Kastanienpüree (siehe Seite 160).

Wer das Ofengemüse nicht vegan genießen möchte, kann statt Margarine auch Butter nehmen und das Gemüse während der letzten Minuten im Ofen mit Käse überbacken.

Das Weiß des Blumenkohls harmoniert besonders appetitanregend mit dem Rot der Roten Bete – ein schönes Beispiel für Optik und Farbe, auf die Sie auch beim Kochen achten sollten.

Blumenkohl mit Rote-Bete-Soße

1 kleinen Blumenkohl (250 – 300 g)	halbieren, in einem Gemüsesieb über
100 ml Gemüsebrühe	gut 15 Minuten dünsten.
	Für die **Rote-Bete-Soße**
½ kleine Zwiebel	schälen, klein schneiden und in
1 EL Erdnussöl	anbraten.
100 ml Gemüsebrühe	dazugießen.
50 g Rote Bete	würfeln, zur Zwiebel geben, etwa 10 Minuten mitdünsten, dann Rote Bete und Zwiebel pürieren.
80 g Gorgonzola	in dünne Scheiben schneiden, mit
2 EL Schlagsahne	zur Roten Bete geben und nochmals aufkochen. Die Blumenkohlhälften auf den Teller geben und mit der Soße übergießen.

Tipp! Dazu passen nach einem Salat als Vorspeise gekochte Kartoffeln oder Reis.

Wenn Ihnen der ganze Blumenkohlkopf zu viel ist, verwenden Sie nur eine Hälfte und die andere Hälfte für ein anderes Gericht wie Blumenkohlsuppe (siehe Seite 41).

Glücklicherweise findet man mittlerweile beim Gemüsehändler oder auf dem Wochenmarkt, mitunter auch im Supermarkt, kleine Blumenkohlköpfe. Einen solchen benötigen Sie hier.

Gefüllter Blumenkohl

1 kleinen Blumenkohl	von allen Blättern befreien und den Strunk so weit wie möglich herausschneiden – der Kopf muss jedoch mit allen Röschen noch zusammenhalten. In einem Topf Wasser mit
etwas Salz	erhitzen, den Blumenkohl hineingeben und 8 – 10 Minuten köcheln lassen. Herausnehmen und abtropfen lassen.
300 ml Gemüsebrühe	aufkochen,
75 g Bulgur	hineinrühren, etwa 10 Minuten köcheln und dann auf der ausgeschalteten Platte quellen lassen. Mit
Kräutersalz, Pfeffer, gemahlenem Ingwer, gerebeltem Majoran	und
Sojasoße	kräftig würzen. Blumenkohl halbieren und ein Drittel der Bulgurmasse in die Öffnungen und zwischen die Röschen einer Blumenkohlhälfte drücken. Eine Auflaufform gut mit
Butter	einfetten, die gefüllte Blumenkohlhälfte mit der Schnittfläche nach unten in die Auflaufform legen, die restliche Bulgurmasse um den Blumenkohl legen.
50 g Schnittkäse (wie Madrigal)	fein reiben und über den Blumenkohl geben. Im nicht vorgeheizten Backofen bei 180 °C gut 15 Minuten backen. Herausnehmen und sofort servieren.

Tipp! Wenn der Blumenkohl nicht mehr als 250 bis 300 Gramm wiegt, können Sie für eine Person auch den ganzen Blumenkohl verwenden.

Ein Hungriger schafft auch einen ganzen, etwas größeren Blumenkohl, wenn er auf den Salat als Vorspeise verzichtet, ansonsten können Sie auch den restlichen halben Blumenkohl als Grundlage für einen Salat oder Gemüseküchle verwenden – für diesen Zweck sollten Sie die zweite Blumenkohlhälfte in Gemüsebrühe oder im Sieb über Gemüsebrühe nochmals gut 15 Minuten dünsten.

Sehr gut schmeckt es auch, wenn man den Blumenkohl vor dem Backen mit einer Soße wie derjenigen für die Chicorée-Spaghetti (siehe Seite 87) übergießt. Auch eine Käse- oder Tomatensoße eignet sich vorzüglich.

Wer es gerne etwas kompakter hat, kann noch ein Ei unter die Bulgurmasse rühren.

Wenn Sie Fenchel noch nicht kennen, wird Sie dieses Gericht hoffentlich vom besonderen Geschmack dieses Gemüses überzeugen.

Fenchel-Brokkoli-Gemüse mit Bananen-Rettich-Soße

	Für die **Bananen-Rettich-Soße**
1 kleine Banane	schälen, in Scheiben schneiden und mit
150 ml Gemüsebrühe	übergießen.
50 g schwarzen Rettich	in dünne Scheiben schneiden und zu der Banane geben.
	Für das **Fenchel-Brokkoli-Gemüse**
1 kleine Fenchelknolle	in dünne Ringe schneiden und mit
100 g Brokkoliröschen	in ein Gemüsesieb geben. Dieses über den Topf mit der Bananen-Rettich-Mischung geben, diese aufkochen und zusammen mit dem Gemüse im Sieb 8 – 10 Minuten köcheln lassen beziehungsweise dämpfen. Dann die Bananenmischung pürieren und mit
Kräutersalz,	
Pfeffer,	
Paprikapulver,	
Chilipulver	und
gerebeltem Oregano	würzen.
1 TL Honig oder Sirup	dazugeben und verrühren. Das gedünstete Gemüse vor dem Servieren mit der Bananen-Rettich-Soße übergießen.

Tipp! Wer es weniger scharf liebt, kann auch mit edelsüßem Paprikapulver würzen und auf Chilipulver verzichten.
Dazu passen pikante Küchle, Reis oder Bratkartoffeln.
Wenn etwas von der Soße übrig bleiben sollte, den Rest nochmals kurz erhitzen, in ein Schraubglas füllen, nach dem Erkalten im Kühlschrank aufbewahren und zum Würzen anderer Gemüsegerichte nutzen.

Wer Bekannte hat, die Zucchini im Garten haben, oder wer das Gemüse selbst im Garten anpflanzt, braucht viele verschiedene Rezepte, denn anderenfalls gelingt es kaum, den reichen Segen zu verwerten.

Gefüllter Zucchino

1 kleinen Zucchino (etwa 250 g)	etwa 10 Minuten in Wasser mit
etwas Salz	köcheln lassen.
1 kleine Zwiebel	schälen, fein würfeln, in
20 g Butter	kurz anbraten, vom Herd nehmen.
150 g gekochte Süßkartoffeln	zerdrücken oder pürieren und zur Zwiebel geben.
50 g Cheddar	grob reiben und unter die Süßkartoffel-Zwiebel-Mischung heben. Den Zucchino der Länge nach aufschneiden, das Fruchtfleisch mit einem kleinen Löffel bis auf einen etwa 5 mm breiten Rand herauslösen, Fruchtfleisch klein hacken und zu der Süßkartoffelmischung geben. Mischung mit
1 TL körniger Gemüsebrühe, Kräutersalz, Paprikapulver, Pfeffer, frisch geriebenem Muskat	und
1 EL Tomatenpüree	würzen. Den ausgehöhlten Zucchino damit füllen und in eine Auflaufform legen.
50 ml Schlagsahne	mit
50 ml Gemüsebrühe	verrühren und neben die Hälften in die Form gießen. Im nicht vorgeheizten Backofen bei 200 °C etwa 10 Minuten backen, dann für weitere 2 Minuten die Grillfunktion zuschalten. Herausnehmen und sofort servieren.

Tipp! Statt Käse kann man auch klein geschnittene Pilze, die kurz mit den Zwiebeln gebraten werden, in die Füllung geben.

Leider viel zu selten verwendet man den Stangen- oder Bleichsellerie in der Küche. Denken Sie bei Sellerie nicht nur an die Knolle, auch Bleichsellerie lohnt sich! Zum gebratenen Bleichsellerie gibt es bei mir immer eine Apfel-Zwiebel-Soße.

Gebratener Bleichsellerie mit Apfel-Zwiebel-Soße

	Für die **Apfel-Zwiebel-Soße**
40 g Zwiebeln oder Frühlingszwiebeln	schälen und fein würfeln oder fein schneiden und in
15 g Butter	anbraten.
20 g Möhren (2 – 3 cm)	klein schneiden, mit
100 ml Gemüsebrühe	zur Zwiebel geben und aufkochen.
½ Apfel (etwa 100 g)	schälen, entkernen, in Scheiben schneiden, dazugeben und alles gut 5 Minuten köcheln lassen. Dann pürieren und mit
Kräutersalz,	
Pfeffer,	
Currypulver	und
Chilipulver	kräftig würzen, gegebenenfalls noch etwas Flüssigkeit dazugeben.
	Für den gebratenen **Bleichsellerie**
150 g Bleichsellerie	in 4 – 5 mm dicke Scheiben schneiden, sehr breite Stangen vorher längs halbieren. In
2 EL Erdnussöl	kurz anbraten und zugedeckt gut 5 Minuten dünsten, gelegentlich umrühren.
100 g gekochte Kartoffeln	schälen und würfeln,
50 g Champignons	in dünne Scheiben schneiden,
4 – 5 Bärlauchblätter	in knapp 1 cm breite Streifen schneiden. Alles mit
1 TL gerebeltem Majoran	zum Bleichsellerie geben und unter gelegentlichem Rühren nochmals gut 5 Minuten braten.

	Mit
Kräutersalz,	
Paprikapulver,	
gemahlenem Kreuzkümmel	und
Pfeffer	würzen und sofort mit der Apfel-Zwiebel-Soße servieren.

Tipp! Auch Ingwer oder eine Knoblauchzehe passt gut als Gewürz zur Apfel-Zwiebel-Soße, noch herzhafter wird es, wenn Sie rote Zwiebeln wählen und auch die Möhren durch zusätzliche Zwiebeln ersetzen. Mit Pflanzenmargarine oder Öl statt Butter passt die Apfel-Zwiebel-Soße auch in die vegane Küche.
Wer möchte, kann für eine nicht tierisch-eiweißfreie Variante des gebratenen Bleichselleries am Schluss noch Parmesan, Blauschimmelkäse oder Schafskäse kurz zusammen mit dem Gemüse braten.

Bis vor kurzem habe ich um Avocados einen großen Bogen gemacht und sie eigentlich nie verwendet, doch dann habe ich festgestellt, wie vielfältig einsetzbar Avocados sind. Vor allem benötigen die meisten Gerichte mit Avocado kaum Zeit.

Gegrillte Avocado

1 Tomate	in kleine Würfel schneiden.
1 TL Sojasoße	mit
2 EL Olivenöl	verrühren. Mit
Kräutersalz	und
Paprikapulver	würzen,
einige Basilikumblätter	klein schneiden und zusammen mit den Tomatenwürfeln in die Soße geben.
1 TL Zitronensaft	mit
1 EL Olivenöl	verrühren.
1 Avocado	längs halbieren, schälen und den Stein herausnehmen. Die Hälften mit der Zitronensaft-Öl-Mischung beträufeln und mit
Kräutersalz	und
Pfeffer	würzen. Mit den Schnittflächen nach unten knapp 5 Minuten in der Grillpfanne braten, dann wenden, mit den Tomatenwürfeln bestreuen und nochmals 4 – 5 Minuten braten. Die restliche Tomatenmarinade mit der restlichen Zitronensaft-Öl-Mischung verrühren, die Avocado damit begießen und sofort servieren.

Tipp! Dazu passen Küchle oder ein Kartoffelpüree sowie Salat.

Die aus Amerika stammenden Pancakes kennt man vor allem als süßes Gericht, das gerne mit Ahornsirup serviert wird. Ich mag die pikanten Pancakes genauso gerne.

Zucchinipancakes

100 g Weizen	fein mahlen, mit
½ TL Weinsteinbackpulver	mischen.
20 g Butter	erhitzen, bis sie flüssig wird. Butter mit
120 ml Milch	und
1 Ei	zur Mehlmischung geben und alles gut verrühren. Der Teig sollte etwas fester als ein Pfannkuchenteig sein.
70 g Zucchini	fein reiben und mit
½ TL Kräutersalz	unter den Teig rühren. Gut 15 Minuten ruhen lassen. In einer Pfanne
1 knappen EL Erdnussöl	erhitzen, mit einem großen Löffel etwas Teig in die Pfanne geben und glatt streichen. Auf beiden Seiten anbraten. Den Pancake auf einem Teller in den auf 100 – 150 °C vorgeheizten Ofen geben und aus dem restlichen Teig weitere Pancakes backen. Pancakes zu Salat oder kurz gebratenem Gemüse servieren.

Tipp!

Backen Sie keine zu großen Pancakes, kleine lassen sich leichter wenden.

Statt Zucchini eignen sich auch Möhren, Kürbis, Kohlrabi, Sellerie oder Rote Bete.

Sie können auch Heidelbeeren oder Johannisbeeren statt Gemüse wählen, dann empfehle ich, noch einen Teelöffel Honig in den Teig zu geben. Allerdings müssen Sie in diesem Fall besonders gut aufpassen, denn süße Pancakes bräunen schneller.

Ersetzen Sie einen Teil der Milch durch schwach kohlensäurehaltiges Mineralwasser.

Der gleiche Teig wie für die Zucchinipancakes, aber ein ganz anderes Gericht und ein ganz anderer Geschmack.

Gebackene Auberginenscheiben

Teig wie für die Zucchinipancakes	vorbereiten, allerdings ohne Gemüse (siehe Seite 61). Teig mit
Pfeffer	und
Paprikapulver	würzen.
120 – 150 g Auberginen	in etwa 5 mm dicke Scheiben schneiden.
1 EL Erdnussöl	in einer Pfanne erhitzen, die Scheiben in den Teig tauchen und in der Pfanne auf beiden Seiten goldbraun backen.

Tipp! Auch Zucchini, Sellerie oder Kürbisscheiben schmecken lecker. Süß können Sie das Gericht mit Apfelscheiben genießen, am besten würzen Sie den Teig in diesem Fall mit Zimt, Vanille oder Ingwer.

Omeletts benötigen kaum Zeit, lassen sich ziemlich einfach zubereiten und schmecken ausgezeichnet, was will man mehr?

Gemüseomelett

2 Eier	mit
1 EL Schlagsahne	verquirlen. Mit
Kräutersalz,	
Chilipulver	und
Pfeffer	würzen.
50 g Möhren	und
50 g Zucchini	fein reiben und in die Eimasse geben.
	In einer Pfanne
1 EL Erdnussöl	erhitzen, die Gemüse-Ei-Masse hineingeben, gegebenenfalls etwas glatt streichen und gut 5 Minuten zugedeckt braten lassen. Dann wenden und nochmals 2 – 3 Minuten braten. Aus der Pfanne nehmen und mit
etwas Schnittlauch	bestreut servieren.

Tipp! Mitunter macht das Wenden durch das beigegebene Gemüse etwas Schwierigkeiten, halbieren oder vierteln Sie in diesem Fall das Omelett vor dem Wenden.

Natürlich können Sie auch anderes Gemüse wählen oder das Gemüse grob geraspelt verwenden.

Für ein gefülltes Omelett braten oder dünsten Sie das Gemüse zunächst kurz, stellen es dann beiseite und braten die Eimasse gesondert. Wenn Sie das Omelett fertig gebraten haben, nehmen Sie es aus der Pfanne, legen das Gemüse auf die eine Hälfte und schlagen die andere Hälfte des Omeletts darüber. So können Sie auch ein Pilzomelett zubereiten.

Manch einer freut sich über das gelungene, selbst gebratene Spiegelei, und schwieriger als das Braten eines Spiegeleis ist auch das folgende Gericht nicht. Das zeigt, dass Einfaches einfach gut sein kann.

Spiegelei auf gebratenen Steckrüben

2 EL Erdnussöl	in einer größeren Pfanne erhitzen.
2 – 3 jeweils 1 cm dicke Steckrübenscheiben	in das Öl geben und zugedeckt bei mittlerer Hitze etwa 7 Minuten braten, dann wenden und nochmals zugedeckt weitere 7 Minuten braten. 3 Minuten nach dem Wenden
1 Ei	neben den Steckrübenscheiben in die Pfanne aufschlagen und die restlichen 4 Minuten mitbraten lassen. Die Rübenscheiben aus der Pfanne nehmen, das Ei über die Scheiben legen, mit
Kräutersalz	und
Pfeffer	leicht würzen.

Tipp! Statt Ei kann man die Gemüsescheiben mit Käsescheiben belegen und statt Steckrüben schmeckt auch Sellerie als Gemüse sehr gut. Dazu passt ein Salat oder ein Gemüsepüree.

Jeder hat seine Vorlieben, bei mir sind es neben den Linsen vor allem die Süßkartoffeln, die ich sehr vielfältig verwende.

Fenchel auf Reis mit Süßkartoffelsoße

	Für **Reis** und **Fenchel**
5 g Ingwer (1 – 2 cm)	schälen, klein schneiden und mit
80 g Vollkornreis	in
200 – 220 ml Wasser	aufkochen. In gut 30 Minuten weich kochen.
1 Fenchelknolle	halbieren, den Ansatz herausschneiden und
	den Fenchel im Gemüsesieb über
Gemüsebrühe	etwa 15 Minuten dünsten.
	Für die **Süßkartoffelsoße**
½ Zwiebel	schälen, fein schneiden und in
1 EL Erdnussöl	anbraten.
100 g Süßkartoffeln	schälen, grob reiben, mit
125 ml Gemüsebrühe	zur Zwiebel geben und aufkochen.
30 g Tomatenmark (1 EL)	und
½ TL Sojasoße	einrühren, 10 Minuten köcheln lassen.
	Pürieren, mit
Kräutersalz,	
Pfeffer,	
Chilipulver	und
gerebeltem Majoran	kräftig würzen.

Fenchel und Reis auf den Teller geben und Soße nach Wunsch über oder neben Gemüse und Reis geben.

Tipp! Statt mit Ingwer lässt sich der Reis auch mit zwei bis drei Gewürznelken oder einer Kardamomkapsel würzen.
Im Sommer passt auch eine frisch zubereitete Tomatensoße statt der Süßkartoffelsoße zu Reis und Fenchel (siehe Seite 163).

Auberginen sind nicht ganz einfach zu kochen, die Unterschiede zwischen gerade richtig, zu fest und zu »lätschig«, wie wir Schwaben sagen, also zu weich, sind nur gering, im Geschmack aber Welten voneinander entfernt. Püriert schmecken Auberginen allerdings immer gut!

Gemüsereis mit Auberginensauce

	Für den **Gemüsereis**
100 g Vollkornreis	in
gut 200 ml Wasser	aufkochen,
2 Gewürznelken	und
1 Kardamomkapsel	dazugeben und in 30 – 40 Minuten weich kochen, gegebenenfalls
etwas Gemüsebrühe	dazugießen.
200 g Gemüse (wie Lauch, Zucchini, Möhren, Kohlrabi, Blumenkohl, Brokkoli, Paprika, Sellerie)	würfeln oder klein schneiden und während der letzten 5 Minuten mit dem Reis mitkochen. Die Gewürznelken und die Kardamomkapsel aus dem Reis nehmen. Den Gemüsereis mit
Kräutersalz, gemahlenem Ingwer, Kurkuma, gemahlenem Kreuzkümmel	und
gemahlenem Koriander	kräftig würzen.
	Für die **Auberginensoße**
1 kleine Frühlingszwiebel	in feine Ringe schneiden und in
1 EL Erdnussöl	anbraten.
200 g Auberginen	in Scheiben schneiden, zur Frühlingszwiebel geben,
150 ml Gemüsebrühe	angießen und einige Minuten köcheln lassen.

Dann pürieren und mit

1 TL Sojasoße,
Paprikapulver,
Cayennepfeffer,
Kräutersalz,
gerebeltem Oregano

und

Pfeffer

kräftig würzen.
Die Auberginensoße zum Reis servieren.

Tipp! Statt Reis können Sie auch Hirse nehmen und statt der Auberginensoße eine Tomatensoße wählen (siehe Seite 163). Wenn Sie merken, dass Sie die Menge nach einem Vorspeisensalat nicht mehr schaffen, ist das kein Problem. Entweder können Sie – wenn nur wenig übrig bleibt – das Ganze mit Butter zu einem leckeren Aufstrich verarbeiten oder Sie fabrizieren daraus Küchle (siehe Seite 105).

Kleine, weiße, wohlschmeckende Rüben – so könnte man Mairübchen mit wenigen Worten beschreiben, und sie eignen sich genau deshalb besonders gut für den Einpersonenhaushalt.

Mairübchen mit Reis

	Für den **Reis**
5 g Ingwer (1 – 2 cm)	schälen, klein schneiden und mit
100 g Vollkornreis	30 Minuten in
250 ml Wasser	einweichen, dann aufkochen und 30 – 40 Minuten köcheln lassen. Anschließend mit
1 TL körniger Gemüsebrühe,	
Kräutersalz	und
Pfeffer	würzen. Während der Reis kocht, für das **Mairübchengemüse**
1 Mairübchen (etwa 150 g)	klein würfeln und in
1 EL Erdnussöl	kurz anbraten. Dann
150 ml Gemüsebrühe	zugießen und 15 Minuten köcheln lassen.
50 g Lauch	in feine Streifen schneiden und für die letzten 5 Minuten der Kochzeit mit
klein geschnittenem	
Basilikum	zum Mairübchen geben. Mit
gemahlenem Kreuzkümmel,	
Paprikapulver,	
gemahlenen Fenchelsamen,	
Kräutersalz	und
Pfeffer	kräftig würzen.
1 – 2 EL gemahlene	
Haselnüsse	einrühren. Die Rübchen zum Reis servieren.

Tipp! Ersetzen Sie einen Teil des Mairübchens durch Möhren, Steckrüben oder Kürbis. Das Gemüse lässt sich auch mit Weizenvollkorngrieß oder Vollkornsemmelbröseln statt mit Haselnüssen binden.
Für eine nicht vegane Variante geben Sie vor dem Servieren noch geriebenen Käse, Schlagsahne oder Joghurt unter die Mairübchen.

Beim Gemüsereis mit Auberginensoße (siehe Seite 66) habe ich als Getreide Reis gewählt und im Tipp darauf verwiesen, dass Sie das Gericht auch mit Hirse zubereiten können. Hier gilt es genau umgekehrt.

Zucchini-Hirsotto

100 g Hirse	unter fließendem Wasser in einem Sieb gut waschen.
250 ml Wasser	aufkochen, die Hirse hineingeben und etwa 5 Minuten köcheln lassen.
100 g Zucchini	und
50 g Möhren	grob raspeln und mit
1 TL körniger Gemüsebrühe	zur Hirse geben. Nochmals 3 – 4 Minuten köcheln lassen.
1 EL Rapsöl	und
gegebenenfalls etwas Wasser oder Gemüsebrühe	dazugeben. Mit
Kräutersalz, Pfeffer, gemahlenem Kreuzkümmel, gemahlenem Ingwer, Currypulver, Paprikapulver, gerebeltem Oregano	und
1 EL weißen Balsamico-Essig	kräftig würzen.
2 – 3 Kirschtomaten	halbieren und auf das Hirsegemüse legen, auf der ausgeschalteten Platte nochmals 2 Minuten quellen und gegebenenfalls mit
etwas Schnittlauch	bestreut servieren.

Tipp! Sie können zusätzlich noch klein geschnittene und kurz gebratene Pilze oder Zwiebeln unter die Hirse mischen.
Als nicht vegane Version schmeckt das Hirsotto ebenfalls sehr lecker, wenn Sie zum Abschluss ein bis zwei Esslöffel Schlagsahne unterrühren oder zwei Esslöffel geriebenen Parmesan darüberstreuen.

Eigentlich wollte ich ein eigenes Kapitel mit veganen Rezepten schreiben, doch dann wurden es mehr vegane Rezepte als gedacht. So habe ich diese in die jeweils passenden Kapitel eingefügt, nur für das nachfolgende Gericht habe ich kein geeignetes Kapitel gefunden. Aber darauf verzichten möchte ich auch nicht, also stelle ich es einfach hier ans Kapitelende.

Tofu mit Pilzen

200 g Tofu Kurkuma	mit der Gabel bröselig zerdrücken und mit kräftig würzen.
½ Zwiebel	schälen und fein würfeln,
100 g Champignons	in Scheiben schneiden.
1 EL Erdnussöl	in der Pfanne erhitzen, die Zwiebeln hineingeben und kurz anbraten. Die Pilze und anschließend den Tofu dazugeben. Unter gelegentlichem Rühren und Wenden einige Minuten braten. Mit
Kräutersalz, Pfeffer, Currypulver	und
scharfem Paprikapulver	kräftig würzen und aus der Pfanne nehmen. Die Tofu-Pilz-Pfanne zum Schluss mit
etwas klein geschnittenem Schnittlauch	bestreuen.

Tipp! Natürlich können Sie auch andere Pilze wie Pfifferlinge, Steinpilze oder Austernpilze verwenden und noch etwas geraspelte Möhre oder geraspelten Kürbis mitbraten.

Kartoffelgerichte

Kartoffeln sind sättigend, die meisten Gerichte sind unkompliziert und gelingen fast immer. Ein ideales Lebensmittel also, das in fast allen Bereichen verwendet werden kann. Allerdings verlangt das Weichkochen in der Schale doch etwas Zeit, deshalb sollten Sie hier entsprechend vorplanen (siehe auch Grundrezept Seite 21).

Kochen Sie immer gleich eine größere Menge Kartoffeln und verwenden Sie die frisch gekochten Kartoffeln zum Beispiel für einen Salat, Püree oder einen Auflauf und gekochte Kartoffeln vom Vortag für Bratkartoffeln oder ein anderes Gericht.

Kochen Sie die Kartoffeln stets ungeschält und bewahren Sie sie auch so auf.

Wenn ich Kürbis verwende, dann eigentlich nur den Hokkaidokürbis, denn bei ihm kann man die Schale mitessen. Dies erspart das oft mühselige Schälen, das bei anderen Kürbissorten notwendig ist. Hokkaidokürbisse sind außerdem meist kleiner als andere Kürbissorten, ihre Farbe ist appetitanregend und vor allem: Ihr Geschmack ist unvergleichlich gut.

Kürbis-Bratkartoffeln

150 g Hokkaidokürbis	in 2 – 3 mm dicke und 2 – 3 cm lange Scheiben schneiden und in
etwas Gemüsebrühe	etwa 5 Minuten köcheln lassen. Kürbisscheiben in ein Sieb abgießen, die Gemüsebrühe auffangen und anderweitig weiterverwenden.
200 g gekochte Kartoffeln	schälen und in etwa 4 mm dicke Scheiben schneiden.
50 g Lauch	der Länge nach halbieren und in dünne Streifen schneiden. In einer großen Pfanne
2 – 3 EL Erdnussöl	erhitzen, die Kartoffelscheiben hineingeben, etwas anbraten, dann den Kürbis und den Lauch sowie
gerebelten Oregano	dazugeben und unter gelegentlichem Wenden einige Minuten braten. Mit
1 TL körniger Gemüsebrühe,	
Kräutersalz,	
Pfeffer	und
frisch geriebenem Muskat	kräftig würzen und heiß servieren.

Tipp! Für eine nicht vegane Version der Bratkartoffeln können Sie während des Bratens noch geriebenen Käse dazugeben oder die Bratkartoffeln mit Parmesan bestreut servieren.
Zum Schluss können Sie auch noch ein bis zwei verquirlte Eier über die Kartoffel-Kürbis-Mischung geben und die Eier stocken lassen.

Salatgurken werden hierzulande fast nur roh und als Salat verwendet, was Sie allerdings nicht davon abhalten sollte, das folgende Gericht zu probieren, um festzustellen: Auch im Eintopf schmecken Salatgurken sehr lecker!

Kartoffel-Gurken-Topf

250 ml Gemüsebrühe	in einen Topf geben.
250 g Kartoffeln	schälen, in gut 1 cm große Würfel schneiden und sofort in die Gemüsebrühe geben. Alles aufkochen und etwa 10 Minuten köcheln lassen.
1 Frühlingszwiebel	in schmale Ringe schneiden und in
1 EL Rapsöl	kurz anbraten.
150 g Salatgurke	in ebenso große Würfel schneiden wie die Kartoffeln und mit der Frühlingszwiebel zu den Kartoffeln geben. Mit
Kräutersalz,	
Pfeffer,	
Currypulver,	
gerebeltem Majoran,	
frisch geriebenem Muskat	und
gemahlenem Kreuzkümmel	kräftig würzen, alles nochmals 5 – 8 Minuten köcheln lassen.
1 TL Rapsöl,	
1 EL Schlagsahne	und
1 EL Vollkorngrieß	einrühren, unter Rühren nochmals aufkochen und vom Herd nehmen. Mit
klein geschnittenem Schnittlauch	bestreut servieren.

Tipp! Gut schmeckt es auch, wenn Sie einen Teil der Kartoffeln durch Süßkartoffeln ersetzen und statt Gurke Zucchini verwenden. Vegan wird das Gericht, wenn Sie die Sahne weglassen oder durch Gemüsebrühe ersetzen.

Überbackenes schmeckt immer, ist allerdings – wenn Sie Käse, Ei oder Sahne zum Überbacken verwenden – nicht für die vegane Küche geeignet. Wer die Käsesorten variiert, erhält jedes Mal einen anderen Geschmack. Zum Überbacken eigen sich alle Hartkäsesorten, aber auch Schimmelkäse wie Roquefort oder Gorgonzola.

Überbackene Kartoffeln mit Mairübchen

1 halbe Frühlingszwiebel	in feine Ringe schneiden und in
1 EL Erdnussöl	kurz anbraten.
150 g Mairübchen	in dünne Scheiben schneiden, mit
100 ml Gemüsebrühe	zu den Zwiebeln geben und aufkochen. Mit
Kräutersalz,	
Pfeffer,	
frisch geriebenem Muskat,	
Paprikapulver	und
gerebeltem Majoran	würzen und 8 – 10 Minuten köcheln lassen.
1 – 2 getrocknete Tomatenstücke	klein schneiden und mitkochen lassen.
250 g gekochte Kartoffeln	schälen und in dünne Scheiben schneiden. Eine kleine Auflaufform mit
etwas Erdnussöl	ausstreichen und den Boden der Auflaufform mit gut der Hälfte der Kartoffelscheiben auslegen. Kartoffeln mit etwas
Kräutersalz	und
Pfeffer	bestreuen. Die Mairübchen aus dem Topf nehmen, etwas abtropfen lassen und über den Kartoffeln verteilen. Mit dem Rest der Kartoffeln bedecken.
30 g Greyerzer	fein reiben, mit
3 EL Gemüsebrühe,	
1 EL Schlagsahne	und
1 EL Vollkornsemmelbröseln	verrühren und über die Kartoffeln gießen.

Mit 2 – 3 dünnen Käsescheiben (Hartkäse wie Emmentaler, Bergkäse, Appenzeller oder Weichkäse wie Roquefort, Gorgonzola) bedecken und im nicht vorgeheizten Backofen bei 200 °C etwa 10 Minuten überbacken, zum Schluss gegebenenfalls einige Minuten die Grillfunktion einschalten. Herausnehmen und servieren.

Tipp! Ersetzen Sie einen Teil der Kartoffeln durch Süßkartoffeln oder die Semmelbrösel durch gemahlene Nüsse.

Ganz einfach und ein ideales Abendessen!

Backkartoffeln mit Kräuterquark

	Für die **Backkartoffeln**
2 große Kartoffeln	in der Schale kräftig bürsten und der Länge nach halbieren. Die Schnittflächen mit
1 EL Sonnenblumenöl	einfetten, mit
Kräutersalz	und
Pfeffer	bestreuen. Ein Backblech mit Alufolie belegen und die Kartoffelhälften mit den Schnittflächen nach unten auf die Alufolie legen. Im nicht vorgeheizten Backofen bei 200 °C 30 – 35 Minuten backen. In der Zwischenzeit den **Kräuterquark** herstellen.
100 g Quark	mit
1 EL saurer Sahne	verrühren.
¼ rote Zwiebel	schälen und fein reiben.
½ Bund Schnittlauch	sehr fein schneiden und mit der Zwiebel unter den Quark mischen. Quark mit
Kräutersalz,	
Pfeffer	und
Currypulver	würzen. Backkartoffeln mit dem Kräuterquark servieren.

Tipp! Statt saurer Sahne können Sie Joghurt, Schlagsahne oder Schmand und statt Schnittlauch auch Petersilie nehmen. Im Sommer schmeckt außerdem noch fünfzig Gramm fein geraspelte Gurke im Quark sehr gut.

Wie auch die Gurke kennt man den Feldsalat häufig nur als Salat oder Teil eines Salats, doch auch püriert offenbart er eine besonders interessante Seite.

Kartoffelgemüse mit Feldsalatpüree

1 Frühlingszwiebel	in schmale Ringe schneiden und in
2 EL Erdnussöl	anbraten.
50 g Feldsalat	dazugeben und ebenfalls kurz anbraten.
100 ml Gemüsebrühe	dazugeben, einige Minuten köcheln lassen, dann pürieren.
250 g gekochte Kartoffeln	schälen und in dünne Scheiben schneiden. Kartoffelscheiben in
200 ml Gemüsebrühe	aufkochen und einige Minuten köcheln lassen. Kartoffeln mit
Kräutersalz, Pfeffer, frisch geriebenem Muskat, Rosenpaprikapulver	und
gerebeltem Majoran	würzen. Dann das Feldsalatpüree einrühren und servieren.

Tipp! Sie können den Eintopf zusätzlich mit einigen Feldsalatblättern garnieren, interessant ist es auch, einen Teil der Kartoffeln durch Süßkartoffeln zu ersetzen oder noch etwas in dünne Ringe geschnittenen Lauch kurz mitzukochen.

Wenn Sie außerdem noch Pilze im Kühlschrank haben, passt es gut, diese ebenfalls kurz mitzukochen oder sie klein geschnitten in den Teller zu geben und mit dem fertig gekochten Kartoffelgemüse zu übergießen.

Tofu ist eine Art Quark aus Sojabohnen. Er wird in der veganen Küche gerne verwendet und entsprechend zubereitet schmeckt er beinahe jedem. Tofu können Sie auch selbst herstellen, allerdings ist dies ein zeitaufwendiges Verfahren, sodass es sich meist anbietet, fertigen Tofu zu kaufen.

Kartoffel-Tofu-Pfanne mit Pfifferlingen

100 g Tofu	in kleine Würfel schneiden, mit
Pfeffer	und
Paprikapulver	würzen. Tofuwürfel in
2 – 3 EL Rapsöl	anbraten und immer wieder wenden.
100 g Pfifferlinge	gut säubern, halbieren oder vierteln, zu den Tofuwürfeln geben und kurz mitbraten.
½ kleine Zwiebel	schälen, würfeln und mit
50 – 60 ml Gemüsebrühe	zur Tofu-Pilz-Mischung geben. Einige Minuten dünsten, bis die Flüssigkeit ziemlich verdunstet ist.
250 g gekochte Kartoffeln von Vortag	schälen und würfeln.
100 g Zucchini	klein schneiden. Kartoffeln und Zucchini mit
etwas rotem Paprikapulver	zu der Pilz-Tofu-Mischung geben und unter gelegentlichem Rühren einige Minuten braten, gegebenenfalls noch
1 EL Rapsöl	dazugeben. Mit
Kräutersalz, frisch geriebenem Muskat, Pfeffer, Paprikapulver	und
gerebeltem Majoran	kräftig würzen und mit
klein geschnittenem Schnittlauch	bestreut servieren.

Tipp! Statt des roten Paprikapulvers können Sie zum Schluss auch noch einige Kirschtomaten dazugeben, diese sollten gerade warm werden, aber nicht gebraten sein.
Schält man normale Tomaten, lassen sich diese gut zusammen mit den Zucchini in die Pfanne geben.
Ersetzen Sie die Kartoffeln teilweise oder ganz durch Süßkartoffeln und verwenden Sie statt der Pfifferlinge beliebige andere Pilze, gerne auch gemischt.
Wenn es nicht vegan sein soll, können Sie statt Tofu zum Beispiel Schafskäse dazugeben oder zum Schluss zwei verquirlte Eier über die Mischung geben und stocken lassen.

Spargel wird oft als König des Gemüses bezeichnet und viele Feinschmecker lechzen im Frühjahr nach dem ersten Spargel, für den sie viel Geld bezahlen. Auch ich esse Spargel hin und wieder durchaus gerne, vor allem in der folgenden Variante.

Spargel im Kartoffelmantel

400 g gekochte, mehlig kochende Kartoffeln vom Vortag	schälen, durch die Kartoffelpresse in eine Schüssel geben oder mit dem Kartoffelstampfer zerdrücken.
150 g Dinkel	fein mahlen und mit
1 Ei	zu den Kartoffeln geben. Alles zu einem Teig verkneten, mit
Kräutersalz	und
frisch geriebenem Muskat	würzen.
200 g Spargel	schälen, in Wasser mit
etwas Salz	12 – 15 Minuten dünsten. Herausnehmen und abtropfen lassen. Das Spargelwasser im Topf lassen. Etwas Kartoffelteig vorsichtig um jede Spargelstange formen, der Mantel darf nicht zu dick werden. Aus übrigem Kartoffelteig zum Beispiel Gnocchi formen (siehe Seite 82). Wenn alle Stangen umkleidet sind, gegebenenfalls noch etwas Salzwasser zum Spargelkochwasser geben, aufkochen, die Spargelstangen vorsichtig hineingeben und bei geringer Hitze leicht köcheln lassen. Wenn die Spargelstangen nach oben steigen, herausnehmen und abtropfen lassen.
40 g Butter	zerlassen, dann
1 – 2 EL gemahlene Nüsse	dazugeben.

	Mit
Kräutersalz, Paprikapulver, wenig Chilipulver	und
Pfeffer	würzen und die Nussbutter zum Spargel servieren.

Tipp! Ein Drittel der Kartoffeln kann auch durch Süßkartoffeln ersetzt werden.
Statt Spargel schmecken auch Bleichselleriestangen oder Schwarzwurzeln im Kartoffelmantel.
Sie können die mit Teig umhüllten Spargelstangen auch in eine gut gefettete Auflaufform geben und im nicht vorgeheizten Backofen bei 180 °C etwa 10 Minuten backen.

Hier das Gnocchirezept auf Grundlage des Kartoffelteiges von Seite 80.

Gnocchi

Kartoffelteig wie auf Seite 80	beschrieben herstellen. Aus dem Teig etwa 2 cm lange und 1 cm dicke Gnocchi formen. Reichlich Wasser mit
etwas Salz	erhitzen, die Gnocchi vorsichtig hineingeben und bei geringer Hitze leicht köcheln lassen. Wenn die Gnocchi nach oben steigen, herausnehmen, abtropfen lassen und mit Tomaten- oder Käsesoße servieren.

Tipp! Sie können die fertig gekochten Gnocchi auch in eine Auflaufform geben und mit geriebenem Käse bestreut im nicht vorgeheizten Backofen bei 180 °C 10 – 15 Minuten backen.
Servieren Sie zu den Gnocchi auch einmal Obstpüree und ersetzen Sie dreißig bis fünfzig Gramm Dinkelmehl durch sehr fein gemahlene Nüsse.

Nudelgerichte

Für einen Schwaben geht natürlich nichts über selbst geschabte Spätzle, doch weil deren Herstellung für einen Einpersonenhaushalt ziemlich aufwendig ist, habe ich mich entschieden, in diesem Kapitel gekaufte Vollkornnudeln zu verwenden.

Natürlich können Sie statt gekauften Vollkornnudeln bei den meisten Gerichten auch Spätzle wählen oder selbst gemachte Nudeln.

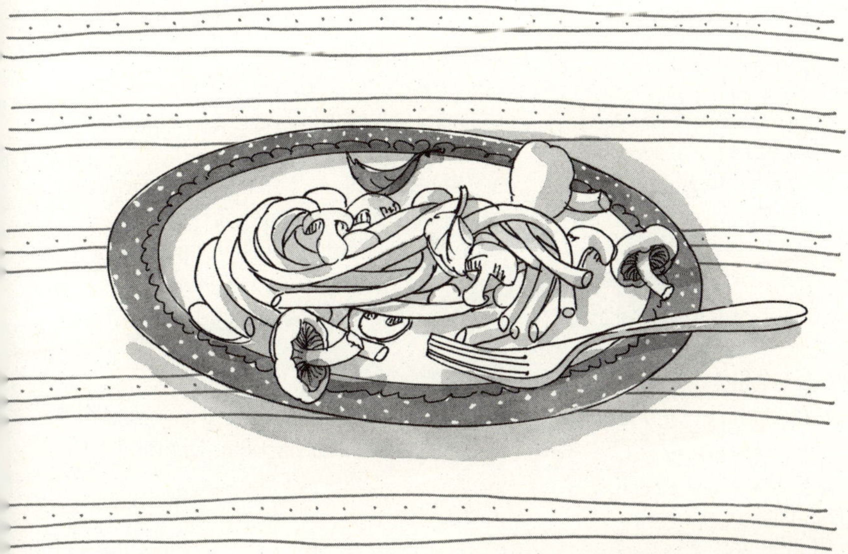

Schnell, einfach und doch raffiniert, so kann man das folgende Gericht beschreiben.

Pilznudeln mit Schafskäsesahne

	In einem Topf 1 l Wasser mit
etwas Salz	aufkochen.
100 g Vollkornmakkaroni oder Vollkornspirelli	hineingeben und nach Packungsanweisung weichkochen, das Wasser durch ein Sieb abgießen. Die Nudeln im Topf lassen und
einige Butterflocken	über die Nudeln geben.
½ kleine rote Zwiebel	schälen, fein würfeln und in
20 g Butter	leicht anbraten.
80 g Champignons	in dünne Scheiben schneiden, zur Zwiebel geben und kurz mitbraten lassen. Dann die Nudeln dazugeben und alles gut durchmischen.
50 g pikanten Schafskäse	mit der Gabel zerkleinern und mit
50 ml Schlagsahne,	
50 ml Milch	sowie
1 TL körniger Gemüsebrühe	unter Rühren langsam aufkochen, bis sich der Schafskäse fast aufgelöst hat. Dann mit
Paprikapulver,	
Pfeffer	und
Chilipulver	würzen. Schafskäsesahne über die Pilznudeln gießen und leicht umrühren. Auf einem Teller anrichten.

Tipp!

Sie können die Schafskäsesahne auch erst auf dem Teller über die Nudeln gießen.
Farbiger wird es, wenn Sie noch etwas Tomatenmark in die Sahne rühren.

Wie Sie vielleicht schon aus meinen anderen Büchern oder meinem Vollwertblog im Internet wissen, bin ich ein großer Linsenfan. Trotzdem ist mir die Idee zu diesem Rezept erst kürzlich gekommen und ich frage mich, warum ich dieses tolle Gericht nicht schon viel früher entdeckt habe.

Vollkornspaghetti mit Linsenbolognese

30 g rote Linsen (2 –3 EL)	in
100 ml Wasser	aufkochen und etwa 15 Minuten köcheln lassen. Dann
5 EL roten Traubensaft	und
1 EL Tomatenpüree	einrühren und weitere 15 Minuten köcheln lassen.
1 – 2 Frühlingszwiebeln	fein schneiden,
1 Knoblauchzehe	schälen und fein schneiden. Beides mit
gerebeltem Oregano,	
klein geschnittenem Basilikum	und
gerebeltem Rosmarin	in
2 EL Olivenöl	anbraten und einige Minuten dünsten. Dann zu den Linsen geben.
80 – 100 g Vollkornspaghetti	in Wasser mit
etwas Salz	aufkochen und nach Packungsanweisung al dente kochen. Herausnehmen und abtropfen lassen. Die Linsen mit
Kräutersalz,	
Pfeffer,	
Chilipulver	und
gemahlenem Kreuzkümmel	kräftig würzen und zu den Spaghetti servieren.

Tipp! Statt mit Traubensaft schmeckt die Linsenbolognese auch mit Apfelsaft, Gewürzwasser oder einfachem Wasser.

Kürbis ist vielfältig einsetzbar und für die schnelle Küche besonders gut geeignet, auch wenn die Zubereitung des folgenden Gerichts etwas länger dauert. In den Tipps finden Sie eine schnellere Variante der Kürbisnudeln.

Überbackene Kürbisnudeln

80 g Vollkornhörnchennudeln	in Wasser mit
etwas Salz	nach Packungsanweisung 8 – 10 Minuten köcheln lassen, anschließend abgießen.
80 g Hokkaidokürbis	grob raspeln.
30 g Lauch (4 – 5 cm)	fein schneiden. Kürbis im Gemüsesieb über
Gemüsebrühe	etwa 5 Minuten dünsten, während der letzten 2 Minuten den Lauch mitdünsten. Eine kleine Auflaufform mit
Butter oder Öl	einfetten. Kürbis und Nudeln gut mischen, mit
Kräutersalz, Pfeffer, Paprikapulver	und
gemahlenem Ingwer	kräftig würzen. In die Auflaufform geben.
2 EL Schlagsahne	mit
50 ml Gemüsebrühe	verrühren und über die Nudeln gießen.
30 g Hartkäse (wie Roviner Hartkäse)	fein reiben und die Nudeln damit bedecken. Zum Schluss noch
10 g Parmesan (1 EL)	reiben und darübergeben. Im nicht vorgeheizten Backofen bei 200 °C oder unter dem Grill 5 – 10 Minuten backen, bis der Käse zerlaufen ist. Warm servieren, eventuell mit
klein geschnittenem Schnittlauch	garnieren.

Tipp! Schneller geht es, wenn Sie das Ganze in der Pfanne überbacken, also Nudeln und Kürbis in der Pfanne mischen, Käse und zuletzt Sahne dazugeben. Tierisch-eiweißfrei wird die Pfannenvariante, wenn Sie statt Sahne und Käse gebratene Tofuwürfel zu den Kürbisnudeln geben.

Ein leckeres Gericht, bei dem eine Zutat, die man sonst eher frisch verzehrt, – nämlich Chicorée – gedünstet wird.

Vollkornspaghetti mit Chicorée

100 g Vollkornspaghetti	in Wasser mit
etwas Salz	nach Packungsanweisung al dente kochen, dann abgießen. Die Blätter von
1 Chicorée	in dünne Streifen schneiden und in
2 EL Erdnussöl	andünsten. Zugedeckt einige Minuten dünsten. Chicorée mit
Kräutersalz	und
gerebeltem Oregano	würzen. Für die Soße
1 Frühlingszwiebel	klein schneiden, in
20 g Butter	anbraten, dann
125 ml Gemüsebrühe	dazugießen.
150 g gekochte Süßkartoffel	klein würfeln, zur Frühlingszwiebel geben, einige Minuten köcheln lassen, dann pürieren. Soße mit
Kräutersalz, Pfeffer, gemahlenem Kreuzkümmel, gemahlenem Kardamom	und
Chilipulver	würzen.
30 g Hartkäse (wie Emmentaler, Bergkäse, Appenzeller)	fein in die Soße reiben und zum Schluss
2 – 3 EL Schlagsahne	dazugeben. Spaghetti und Chicoréestreifen mischen und mit der Soße servieren.

Tipp! Mischen Sie auch einmal frische Chicoréestreifen unter die Spaghetti.

Pikante Kuchen und Pizzen

Ich liebe Kuchen in allen Variationen und ich experimentiere gerne. Viel zu viel, wie meine Frau meint, vor allem, weil ich selten ein Rezept genauso wiederhole, wie ich es das erste Mal zubereitet habe, auch wenn mir das Gericht oder hier der Kuchen besonders gut geschmeckt hat.

Aber Wiederholungen langweilen mich, ich will immer etwas Neues ausprobieren, ich muss beim Kochen ganz einfach meine Kreativität ausleben.

Lassen Sie mich dieses Kapitel bewusst mit einem veganen Rezept beginnen, denn Kochen ohne Milchprodukte und Eier bedeutet nicht Verzicht auf Genuss.

Gemüsekuchen mit Tofuguss

150 g Weizen	fein mahlen und mit
Kräutersalz	mischen.
7 EL kochendes Wasser	und
3 EL Olivenöl	mit dem Schneebesen verrühren, bis die Flüssigkeit milchig wird. Mit dem Mehl zu einem Teig verkneten. Eine kleine Springform von 18 cm Durchmesser mit
etwas Olivenöl	einfetten, den Teig in der Form auswellen und einen Rand anarbeiten.
200 g Kohlrabi	in dünne Scheiben schneiden,
200 g Möhren	grob raspeln, beides in
125 ml Gemüsebrühe	einige Minuten dünsten, dann mit
Pfeffer	und
Paprikapulver	würzen. Das Gemüse abtropfen lassen und die Brühe auffangen.
200 g Tofu	mit 100 ml aufgefangener Gemüsebrühe,
1 EL Rapsöl	und
1 TL Sojasoße	pürieren. Tofu mit
Kräutersalz,	
frisch geriebenem Muskat	und
gerebeltem Thymian	würzen. Das Gemüse auf dem Teigboden verteilen, mit der Tofumasse bedecken und mit
1 EL gemahlenen Haselnüssen	bestreuen. Im nicht vorgeheizten Backofen bei 200 °C etwa 40 Minuten backen. Aus dem Ofen nehmen, etwas abkühlen lassen und vorsichtig aus der Form nehmen.

Tipp! Wenn Sie Seidentofu wählen, sollten Sie nur etwa fünfundsiebzig Milliliter Brühe und nur einen Teelöffel Rapsöl nehmen, da Seidentofu weicher als üblicher Tofu ist.

Ein Kuchen, der ganz ohne Getreidemühle auskommt!

Fenchel-Reis-Kuchen

75 g Basmati-Vollkornreis	in
250 ml Gemüsebrühe	30 – 40 Minuten sehr weich kochen. Etwas abkühlen lassen.
10 g Butter	und
1 Ei	in die Reismasse rühren, mit
Kräutersalz,	
Pfeffer	und
Paprikapulver	würzen. Eine kleine Springform oder Quicheform von 18 cm Durchmesser mit
etwas Butter	ausfetten, die Reismasse hineingeben und glatt streichen. Im nicht vorgeheizten Backofen bei 150 °C etwa 12 Minuten vorbacken. Dann aus dem Ofen nehmen. Aus
1 Fenchelknolle	den Ansatz herausschneiden und die Knolle in dünne Scheiben schneiden. Mit
1 TL körniger Gemüsebrühe	und
Kräutersalz	würzen. Fenchelscheiben auf dem vorgebackenen Reisboden verteilen.
50 g Emmentaler	und
30 g Möhren (3 – 5 cm)	fein reiben, mit
3 – 4 EL Joghurt	verrühren und mit
Kräutersalz,	
Pfeffer,	
Paprikapulver,	
gemahlenem Kreuzkümmel	und
gemahlenem Koriander	kräftig würzen. Den Guss über die Fenchelscheiben geben. Im Backofen bei 150 °C nochmals 20 Minuten backen.

Tipp! Geben Sie zusätzlich einen Esslöffel gemahlene Nüsse oder Kastanienpüree in den Guss oder nehmen Sie statt Fenchel grob geraspelten Sellerie, in Scheiben geschnittene Möhren oder Kürbis.

Kohl, Rüben und Kuchen? Passt das denn überhaupt zusammen? Ich sage Ja. Aber müssen Sie mir glauben? Natürlich nicht, aber es wird Ihnen in diesem Fall etwas Leckeres entgehen.

Steckrübenkuchen

80 g Weißkohl	in dünne Streifen schneiden,
120 g Steckrüben	klein würfeln, beides im Gemüsesieb über
100 ml Gemüsebrühe	etwa 15 Minuten dünsten, abtropfen lassen und die Brühe für den Teig beiseite stellen.
100 g Weizen	fein mahlen, mit
1 gehäuften TL Weinsteinbackpulver	mischen und mit
40 g weicher Butter	und
1 Ei	zu einem Teig verquirlen.
30 g Hartkäse (wie Emmentaler, Bergkäse, Appenzeller)	fein reiben und zum Teig geben. Teig mit Gemüse und 50 ml der beiseite gestellten Gemüsebrühe verrühren. Gemüseteig mit
Kräutersalz,	
Pfeffer,	
Paprikapulver	und
gemahlenem Kreuzkümmel	kräftig würzen. Eine kleine Springform von 18 cm Durchmesser gut mit
Butter	einfetten. Kuchenteig einfüllen, glatt streichen und im nicht vorgeheizten Backofen bei 180 °C 40 – 45 Minuten backen. Kuchen anschließend aus dem Ofen und aus der Form nehmen.

Tipp! Geben Sie noch einen halben Teelöffel Sojasoße und Oregano oder Ingwer zum Teig. Die Zugabe von zusätzlich einer halben klein geschnittenen und angebratenen Zwiebel ergibt einen besonders guten Geschmack. Zum Steckrübenkuchen schmeckt Salat oder leicht gewürzter Joghurt sehr gut.

Als wir letzthin bei der Nichte meiner Frau anlässlich eines Geburtstags zum Abendessen eingeladen waren, gab es vegetarische Pizzabrötchen, die ich im folgenden Rezept vollwertig nachempfunden habe.

Pizzabrötchen

2 Vollkornbrötchen	längs halbieren. Aus einem Backblech im nicht vorgeheizten Backofen bei 200 °C etwa 5 Minuten backen, wenn möglich mit Grillzusatz. Dann herausnehmen.
30 g Hartkäse (wie Emmentaler, Bergkäse)	reiben und mit
60 g Frischkäse,	
60 g Schmand	sowie
1 TL Tomatenmark	mischen. Mit
Kräutersalz,	
Pfeffer	und
Currypulver	würzen.
1 Frühlingszwiebel	und
½ Bund Schnittlauch	in schmale Ringe schneiden und unterheben. Die Käsefüllung auf den Brötchen verteilen und bei 200 °C weitere 15 Minuten backen. Heiß servieren.

Tipp! Statt Schnittlauch können Sie auch Bärlauch oder Basilikumblätter verwenden oder die Kräuter mischen.

Auch wenn es sich bei diesen pikanten Gemüsetaschen nicht um Kuchen handelt, passt das Rezept doch in dieses Kapitel. Manchmal sind Zutaten für ein Einpersonenrezept schwierig abzuwiegen, zum Beispiel 2 g Hefe für eine kleine Menge Hefeteig – das ist selbst mit einer genauen Grammanzeige der Waage nicht ganz einfach. Außerdem ist der Aufwand für solch eine kleine Menge Teig zu groß. Beim folgenden Rezept habe ich die Zutaten für den Hefeteig deshalb so vorgesehen, dass Sie zusätzlich zwei Pizzaböden zum Einfrieren erhalten.

Gemüsetaschen

270 g Weizen	und
80 g Roggen	fein mahlen, mit
1 Päckchen Trockenhefe,	
175 ml Wasser,	
80 g Pflanzenmargarine	und
½ TL Kräutersalz	gut 10 Minuten kneten, dann zugedeckt 30 – 60 Minuten ruhen lassen, bis sich das Teigvolumen deutlich vergrößert hat. In der Zwischenzeit
200 g Gemüse (wie Möhren, Kürbis, Zucchini, Kohlrabi)	grob raspeln.
1 Frühlingszwiebel	klein schneiden,
5 g Ingwer (1 – 2 cm)	schälen und klein schneiden. Beides in
2 EL Erdnussöl	anbraten, dann das geraspelte Gemüse und
100 ml Gemüsebrühe	dazugeben und einige Minuten dünsten. Mit
Kräutersalz,	
Pfeffer,	
Paprikapulver	und
klein geschnittenem Basilikum	würzen. Gut abtropfen lassen. Den Hefeteig dritteln, ein Drittel in sechs bis acht Stücke teilen, aus jedem Stück eine Kugel formen, diese auf der bemehlten Arbeitsfläche zu einem Kreis auswellen.

In die Mittel jedes Teigkreises 1 – 2 EL gekochtes Gemüse legen. Die eine Teighälfte über die andere schlagen und die Ränder gut zusammenpressen, zum Beispiel mit einer Gabel. Ein Backblech mit Backpapier belegen und die Teigtaschen auf dem Blech in den nicht vorgeheizten Backofen schieben. Bei 200 °C gut 15 Minuten backen. Aus dem Ofen nehmen und warm servieren.
Die übrigen zwei Drittel Teig zu zwei kreisrunden Pizzaböden auswellen, mit den Gemüsetaschen bei 200 °C 10 Minuten vorbacken und nach dem Abkühlen für eine spätere Gelegenheit – zum Beispiel Spinatpizza (siehe Seite 96) – einzeln einfrieren.

Tipp! Für eine nicht vegane Variante der Gemüsetaschen können Sie statt Margarine Butter verwenden und die Teigtaschen vor dem Backen mit Milch oder verquirltem Ei bestreichen oder mit geraspeltem Käse bestreuen.

Ein Rezept, das trotz des manchmal aufwendigen Vorbereitens des Spinats schnell geht, wenn Sie auf bereits vorbereitete Zutaten – zum Beispiel einen für solch eine Gelegenheit vorgebackenen und eingefrorenen Pizzaboden und einen passenden Aufstrich – zurückgreifen können.

Spinatpizza

350 g Spinat 2 – 3 EL Gemüsebrühe	putzen, Stiele entfernen, in andünsten, bis der Spinat in sich zusammenfällt.
1 vorgebackenen Pizzaboden (siehe Seite 94)	mit
50 – 80 g pikantem Süßkartoffelaufstrich (siehe Seite 127)	bestreichen. Spinat abtropfen lassen und auf dem Pizzaboden verteilen.
100 g Schafskäse	zerbröseln und über den Spinat streuen.
50 g Hartkäse (wie Emmentaler)	fein reiben und über die noch unbedeckten Spinatflächen geben. Ein Backblech mit Backpapier belegen, die Pizza darauflegen und im nicht vorgeheizten Backofen bei 200 °C gut 15 Minuten backen. Heiß servieren.

Tipp! Statt Süßkartoffelaufstrich können Sie auch eine dicke Tomaten- oder Gemüsesoße verwenden.

Erschrecken Sie nicht über die angegebene Teigmenge. Bei diesem Rezept habe ich vorgesehen, dass Sie die Hälfte des Teiges einfrieren und bei einer anderen Gelegenheit weiterverwenden.

Flammkuchen

250 g Roggen	und
50 g Weizen	fein mahlen, mit
180 – 200 ml	
lauwarmem Wasser,	
1 Päckchen Trockenhefe	und
1 TL Kräutersalz	in gut 10 Minuten zu einem Teig verkneten. Die Hälfte des Teigs sofort einfrieren. Den Rest gut 30 Minuten gehen lassen. In der Zwischenzeit
60 g Appenzeller	klein würfeln.
1 kleine Zwiebel	schälen, fein würfeln und mit
150 g Quark,	
3 EL Schlagsahne,	
½ TL Kräutersalz,	
2 TL Dinkelvollkorngrieß	und
1 EL Olivenöl	gut verrühren. Den fertig gegangenen Teig kurz mit den Händen durchkneten, halbieren und beide Hälften sehr dünn auswellen. Ein Backblech mit Backpapier belegen und die Teigfladen auf das Blech legen. Die Quarkmasse gleichmäßig auf den Teigplatten verteilen. Die Käsewürfel darüberstreuen und die Flammkuchen im nicht vorgeheizten Backofen bei 200 °C 20 – 25 Minuten backen.

Tipp! Statt Appenzeller können Sie auch jeden anderen sehr pikanten Hartkäse verwenden, ausgezeichnet schmeckt auch Gorgonzola. Zum Flammkuchen passen frische Salate.

Beim folgenden Rezept schlage ich vor, die Zutatenmengen gleich zu verdoppeln, zwei Pizzen oder eine große Pizza auf dem Blech zu backen und die zweite Hälfte dann einzufrieren – falls tatsächlich so viel übrig bleibt, so gut, wie diese Fenchelpizza schmeckt.

Fenchelpizza

100 g Weizen	fein mahlen, mit
2 – 3 g Trockenhefe,	
1 EL Olivenöl	und
50 – 60 ml kaltem Wasser	gut 10 Minuten kneten und anschließend 30 Minuten zugedeckt ruhen lassen. In der Zwischenzeit
½ Frühlingszwiebel	klein schneiden und in
20 g Butter	anbraten.
150 g Steckrüben	klein würfeln und
ein kleines Stück Ingwer	schälen und klein schneiden. Steckrüben und Ingwer mit
3 – 4 getrockneten,	
eingelegten Tomatenstücken	und
100 ml Gemüsebrühe	aufkochen, 10 Minuten köcheln lassen und anschließend mit wenig Flüssigkeit pürieren. Steckrübenpüree mit
1 TL Sojasoße,	
Kräutersalz,	
Pfeffer,	
Paprikapulver	und
klein geschnittenem	
Basilikum	kräftig würzen.
100 g Fenchelknolle	in etwa 2 mm dicke Scheiben schneiden und im Gemüsesieb über
Gemüsebrühe	etwa 8 Minuten dünsten. Eine Pizzabackform oder eine Springform von etwa 22 cm Durchmesser gut mit
Butter	
oder Pflanzenmargarine	einfetten, den Teig auswellen und die Form damit auslegen.

Teig im nicht vorgeheizten Backofen bei 180 °C etwa 10 Minuten vorbacken. Herausnehmen und das Steckrübenpüree dick darauf streichen.
Dann den Fenchel darüber verteilen.

50 – 60 g Appenzeller
oder anderer Hartkäse
(wie Emmentaler, Bergkäse)
10 g Parmesan (1 EL)

und reiben, mischen und den Fenchel damit bedecken. Pizza im Ofen bei 180 °C nochmals 15 Minuten backen und heiß servieren.

Tipp! Im Frühjahr können Sie den Fenchel zusätzlich noch mit drei bis vier Bärlauchblättern belegen.
Im Sommer kochen Sie am besten eine dicke Tomatensoße aus frischen Tomaten und streichen diese statt der Steckrübensoße auf den Pizzaboden.
Sehr pikant schmeckt die Pizza, wenn Sie einen Teil des Hartkäses durch Schafskäse oder Blauschimmelkäse ersetzen.
Statt Steckrüben können Sie auch Kürbis oder Süßkartoffeln wählen, letztere sollten Sie 20 – 25 Minuten kochen.

Küchle und Bratlinge

Küchle und Bratlinge passen ideal zu Salaten, Gemüsegerichten und Püree, aber auch zu Kartoffelgerichten. Eigentlich passen sie zu fast allem gut, nur zu Kuchen oder Pizza serviere ich sie nicht. Sie schmecken warm und kalt, man kann sie gut zum Wandern, zum Picknick oder ins Büro mitnehmen.

So ein Küchle ist also ein wahrer Tausendsassa und meist schnell und unkompliziert zubereitet.

Süßkartoffeln sind keine Nachtschattengewächse wie Kartoffeln, sondern zählen zu den Windengewächsen. Ich wähle meist eine Sorte, die innen orange ist, da diese Farbe wie beim Hokkaidokürbis sehr appetitanregend wirkt.

Süßkartoffelküchle

150 g Süßkartoffeln	schälen, grob raspeln, in
100 ml Gemüsebrühe	aufkochen und etwa 5 Minuten köcheln lassen.
120 – 150 g Zucchini	grob raspeln, zu den Süßkartoffeln geben und 2 – 3 Minuten mitköcheln lassen. Das Gemüse in ein feines Sieb geben und abtropfen lassen. Die Brühe auffangen und für ein anderes Gericht weiterverwenden.
50 – 60 g Buchweizen	fein mahlen und mit den Süßkartoffeln und den Zucchini mischen, mit
Kräutersalz,	
Currypulver,	
Pfeffer,	
Sojasoße	und
gerebeltem Majoran	kräftig würzen. In einer Pfanne
2 EL Erdnussöl	erhitzen. Mit feuchten Händen aus der Süßkartoffelmasse Küchle formen und diese jeweils auf beiden Seiten 5 Minuten braten.

Tipp! Wenn Sie ein Ei und zusätzlich dreißig bis vierzig Gramm Buchweizenmehl dazugeben, werden die Küchle etwas fester, sind dann aber nicht mehr vegan.

Maisgrieß, Polenta, ist ein Bestandteil der folgenden veganen Küchlevariante, die sich nicht ganz so rasch zubereiten lässt wie andere Küchle. Aber mit etwas Planung lässt sich die Quellzeit des Maisgrießes gut in den Kochablauf einbauen.

Polentaschnitten

125 ml Gemüsebrühe	aufkochen,
35 – 40 g Maisgrieß (2 – 3 EL)	einrühren und nochmals kurz aufkochen, die Herdplatte ausschalten und den Grieß unter gelegentlichem Rühren im Topf auf der Herdplatte 5 – 10 Minuten quellen lassen. Mit
Kräutersalz, Paprikapulver, gerebeltem Majoran	und
Pfeffer	würzen. Dann vom Herd nehmen und weitere 10 – 15 Minuten quellen lassen. Auf ein Backblech geben und etwa 1 cm dick darauf verstreichen. Endgültig abkühlen lassen.
2 EL Erdnussöl	in einer Pfanne erhitzen, die Polenta in quadratische oder längliche Schnitten teilen und diese jeweils von beiden Seiten goldgelb anbraten. Heiß servieren.

Tipp! Für eine nicht vegane Variante können Sie die Schnitten vor dem Braten auch zuerst in Milch oder einer Milch-Ei-Mischung und anschließend in Vollkornsemmelbröseln oder gemahlenen Nüssen wenden, danach wie beschrieben ausbacken.
Polentaschnitten schmecken zu Gemüse- oder Pilzgerichten, aber auch zu Salat.

Oft meint man, zum Gelingen von Küchle und Bratlingen sei unbedingt ein Ei oder seien sogar mehrere Eier nötig, hier ein weiterer Beweis des Gegenteils.

Reisküchle

30 g Lauch (4 – 5 cm)	klein schneiden und in
1 EL Erdnussöl	kurz anbraten. Dann
3 EL Gemüsebrühe	dazugießen und einige Minuten köcheln lassen.
50 g Möhren	fein reiben.
	Den Lauch und die Möhren mit
200 g gekochtem Vollkornreis	und
50 g Dinkelvollkorngrieß	mischen und alles gut verkneten.
	Mit
Kräutersalz,	
gerebeltem Majoran,	
Pfeffer,	
Kurkuma,	
Paprikapulver	und
Sojasoße	kräftig würzen.
	In einer Pfanne
2 EL Erdnussöl	erhitzen, aus der Reismasse Küchle formen und diese zugedeckt auf beiden Seiten jeweils 6 Minuten braten. Heiß servieren.

Tipp! Kneten Sie den Teig am besten mit der Hand und auf keinen Fall mit der Maschine, der Reis klebt dann besser, die Küchle lassen sich leichter formen und behalten beim Ausbacken besser ihre Form.

Weiterverwertung von übrig gebliebenen Speisen ist in der Singleküche besonders interessant. Ein Beispiel hierfür ist das nachfolgende Gericht, dessen Zubereitung sehr schnell geht, wenn Sie vom Risotto mit Auberginensoße (siehe Seite 66) bewusst oder unbewusst zu viel gekocht haben.

Auberginen-Reis-Küchle

Übrigen Vollkornreis	und
übrige Auberginensoße (siehe Seite 66)	miteinander mischen.
1 Ei	und so viel
Dinkelvollkorngrieß	dazugeben, bis eine formbare Masse entstanden ist. Mit
Cayennepfeffer, Kräutersalz, Pfeffer, gemahlenen Fenchelsamen	und
gerebeltem Oregano	kräftig nachwürzen. In einer Pfanne
2 EL Erdnussöl	erhitzen, die Küchlemasse mit einem Löffel in die Pfanne geben und glatt streichen. Bei mittlerer Hitze auf beiden Seiten jeweils 5 – 6 Minuten braten.

Tipp! Statt Dinkelvollkorngrieß können Sie auch gemahlene Nüsse, Maisgrieß oder Maismehl dazugeben.

Hülsenfrüchte, besonders Kichererbsen, Sojabohnen und Linsen, eignen sich neben Getreide besonders gut für Küchle.

Kichererbsenküchle

50 g gekochte Kichererbsen (siehe Seite 23)	mit
2 EL Kochwasser oder Gemüsebrühe	fein pürieren. Dann mit weiteren
50 g gekochten Kichererbsen	– die ganz bleiben –,
1 Ei	
50 g gemahlenen Haselnüssen	und
50 g Dinkelvollkorngrieß	gut verrühren. Mit
Kräutersalz,	
Pfeffer,	
Kurkuma,	
gemahlenem Kreuzkümmel,	
gemahlenem Ingwer	und
Paprikapulver	kräftig würzen.
	In einer Pfanne
2 EL Erdnussöl	erhitzen, mit dem Löffel Häufchen der Kichererbsenmasse in die Pfanne geben und diese glatt streichen. Die Küchle auf beiden Seiten jeweils etwa 5 Minuten braten.

Tipp! Statt Dinkelvollkorngrieß können Sie auch frisch gemahlenen Dinkel und statt Kichererbsen gekochte Sojabohnen (siehe Seite 22) verwenden.

Gut schmecken die Küchle auch, wenn Sie noch etwas geriebenen Parmesan oder Bergkäse zur Kichererbsenmasse geben.

Ein weiteres Rezept mit Kichererbsen, diesmal in Form des Mehls. Aus Kichererbsenmehl werden in der indischen Küche zum Beispiel Pakoras – von Teig umhüllte und frittierte Gemüsestücke – zubereitet. Diese Pakoras standen Pate beim folgenden Rezept.

Champignons im Kichererbsenmantel

75 g Kichererbsenmehl	mit
80 – 100 ml Wasser	verrühren. Mit
Kräutersalz,	
gemahlenem Kreuzkümmel,	
gemahlenem Koriander,	
Paprikapulver,	
gemahlenem Ingwer	und
Pfeffer	kräftig würzen und gut 15 Minuten ruhen lassen.
50 g Champignons	in etwa 4 mm dicke Scheiben schneiden. Die Pilzscheiben in den Kichererbsenteig geben und gut durchmischen. In einer Pfanne
2 EL Erdnussöl	erhitzen, Pilzmischung mit einem Löffel in die Pfanne geben, etwas glatt streichen und auf beiden Seiten jeweils etwa 5 Minuten braten, bis beide Seiten leicht gebräunt sind.

Tipp! Wenn der Teig zu fest ist, vorsichtig noch etwas Wasser dazugießen. Wenn der Teig zu flüssig ist, können Sie noch ein bis zwei Esslöffel gemahlene Nüsse dazugeben.

Verwenden Sie auch geraspeltes Gemüse, gewürfelte oder in Scheiben geschnittene Zwiebeln oder in Streifen geschnittene Bärlauchblätter statt der Pilze.

Roggen schmeckt, wie ich finde, herzhafter als Weizen oder Dinkel und ist daher bei pikanten Rezepten meine erste Wahl.

Roggen-Pastinaken-Küchle

50 g Roggen	mittelgrob schroten.
250 ml Gemüsebrühe	aufkochen, den Roggenschrot in die Brühe geben, sofort umrühren, unter gelegentlichem Rühren bei geringer Hitze etwa 20 Minuten köcheln und dann auf der ausgeschalteten Herdplatte ausquellen lassen. Gegebenenfalls noch etwas Wasser oder Gemüsebrühe dazugeben.
50 g Pastinaken	grob raspeln und während der letzten 5 Minuten mitkochen.
1 Frühlingszwiebel	klein schneiden und mit
gerebeltem Majoran	in
1 EL Olivenöl	anbraten. Zum Roggenschrot geben, mit
Kräutersalz,	
Pfeffer	und
Cayennepfeffer	würzen.
1 kleines Ei	und
30 g Maismehl (2 – 3 EL)	in die Masse rühren, gegebenenfalls
etwas Vollkornsemmelbrösel	dazugeben und noch einige Minuten ruhen lassen.
	In einer Pfanne
2 EL Erdnussöl	erhitzen, Teig mit einem Löffel in die Pfanne geben und auf beiden Seiten jeweils etwa 5 Minuten zugedeckt braten.

Tipp! Wählen Sie statt Roggen auch einmal Grünkern, der durch das Darren einen intensiveren Geschmack als Dinkel hat und dadurch das Würzen der Küchlemasse erleichtert.

Haben Sie Ihren Appetit überschätzt und nicht alle gekauften Vollkornbrötchen gegessen? Oder ist Ihr Vollkornbrot schon etwas hart? Macht nichts, denn mit altbackenen Brötchen oder hartem Brot können Sie Leckeres kochen, zum Beispiel Semmelknödel oder wie im folgenden Rezept: Küchle!

Semmelküchle

1 altbackenes Vollkornbrötchen oder 50 – 60 g Vollkornbrot	in kleine Stücke brechen oder schneiden und in ein schmales Gefäß geben.
1 Ei	mit
150 ml Milch	vermischen und über das zerkleinerte Brot gießen. Einige Stunden quellen lassen, die Masse gelegentlich etwas zerdrücken.
80 g Sellerie	fein reiben.
¼ rote Zwiebel	schälen und fein reiben. Sellerie und Zwiebel mit
2 EL gemahlenen Haselnüssen	und
2 EL Weizenvollkorngrieß	zur Brötchenmasse geben. Mit
Kräutersalz, Pfeffer, Paprikapulver, Cayennepfeffer	und
klein geschnittenem Basilikum	kräftig würzen. Etwas ruhen lassen. In einer Pfanne
1 – 2 EL Erdnussöl	erhitzen, aus der Brötchenmasse etwa vier Küchle formen und diese auf beiden Seiten jeweils 5 – 6 Minuten braten. Die Semmelküchle schmecken warm oder kalt.

Tipp! Je nach Trockenheit der Brötchen können die Einweichzeit und die nötige Flüssigkeitsmenge variieren. Ist die Masse nach dem Einweichen noch sehr fest, geben Sie noch etwas Milch dazu.

Manche Gerichte entziehen sich der sinnvollen Einordnung in eine gewählte Kapitelfolge und oft reicht die Anzahl zusammenpassender Rezepte nicht für ein eigenes Kapitel aus. Für das folgende Rezept scheint mir an dieser Stelle der richtige Platz zu sein.

Gefüllte Champignons

50 g Buchweizen	in
100 ml Wasser	aufkochen und 8 – 10 Minuten köcheln lassen, bis das Wasser ganz aufgesogen ist.
50 g Schafskäse	zerdrücken und mit den Buchweizenkörnern vermischen.
½ Frühlingszwiebel	klein schneiden und in
20 g Butter	anbraten. Die Stiele von
3 – 4 großen Champignons	abschneiden, klein schneiden und einige Minuten mit der Frühlingszwiebel braten. Zwiebel-Pilz-Mischung mit der Schafskäse-Buchweizen-Masse mischen, mit
Pfeffer,	
gerebeltem Majoran,	
gerebeltem Oregano,	
Paprikapulver,	
gemahlenem Kreuzkümmel	und
gemahlenem Ingwer	würzen und die Champignonköpfe damit füllen. Eine kleine Auflaufform 1 cm hoch mit
Gemüsebrühe	füllen, die Champignonköpfe in die Brühe setzen und im nicht vorgeheizten Backofen bei 200 °C etwa 15 Minuten backen. Sofort servieren.

Tipp! Falls der Schafskäse sehr mild ist, können Sie die Füllmasse zusätzlich noch mit Kräutersalz würzen.
Statt Buchweizen schmeckt auch Vollkornreis oder Hirse und statt Schafskäse grob geraspelter Hartkäse.

Pikante Aufläufe

Aufläufe machen zwar manchmal etwas mehr Mühe als andere Gerichte, vor allem, wenn Sie auch das Spülen der Schüsseln und Geräte in die Überlegung mit einbeziehen. Aber der Aufwand lohnt sich, wobei ich bei den folgenden Rezepten als von Natur aus fauler Mensch versucht habe, den Aufwand in Grenzen zu halten.

Bei Reis wähle ich fast immer Basmati-Vollkornreis, der besonders würzig schmeckt, und gerne koche ich den Reis mit Gewürznelken oder Ingwer.

Reis-Blumenkohl-Auflauf

½ kleine Zwiebel	schälen, fein würfeln und in
1 EL Erdnussöl	anbraten.
½ kleinen Blumenkohl	in kleine Röschen teilen, mit
100 ml Gemüsebrühe	zur Zwiebel geben und zugedeckt gut 5 Minuten dünsten. Blumenkohl mit
200 g gekochtem Basmati-Vollkornreis	mischen.
100 g Zucchini	und
50 g Möhren	grob raspeln und unter die Blumenkohl-Reis-Masse mischen. Mit
Kräutersalz, gerebeltem Oregano, Pfeffer, Paprikapulver	und
Currypulver	kräftig würzen.
2 Eier	unterrühren. Eine kleine Auflaufform gut mit
Butter	einfetten, die Gemüse-Reis-Masse in die Form geben und glatt streichen.
50 g Blauschimmelkäse	und
50 g Hartkäse (wie Bergkäse)	in Scheiben schneiden und den Auflauf damit belegen. Auflauf im nicht vorgeheizten Backofen bei 200 °C etwa 30 Minuten backen, Temperatur gegebenenfalls während der letzten Minuten herunterschalten oder den Auflauf mit Backpapier oder einem Deckel abdecken, damit er nicht zu dunkel wird.

Tipp! Wenn Sie möchten, heben Sie auch noch etwas geriebenen Parmesan unter die Masse. Gut eignet sich auch Kürbis statt Möhre. Auch mit nur einer einzigen Gemüseart wie Möhre oder Zucchini schmeckt der Auflauf ganz ausgezeichnet.

Wecken heißen bei uns in Schwaben die Brötchen oder Semmeln. Deshalb nennt man in Schwaben auch die Semmelbrösel Weckmehl.

Weck-Gemüse-Auflauf

1 altbackenen Vollkornwecken	klein schneiden, mit
200 ml Milch	übergießen, einige Stunden einweichen, hin und wieder umrühren und etwas zerdrücken.
100 g Brokkoli	und
100 g Blumenkohl	in Röschen teilen und im Gemüsesieb über
etwas Gemüsebrühe	5 – 8 Minuten dünsten.
100 g Möhren	grob raspeln. Den eingeweichten Wecken mit dem gedünsteten Gemüse, den Möhren,
1 Ei	und
1 – 2 EL Vollkornweckmehl	gut vermischen. Mit
Kräutersalz,	
gerebeltem Oregano,	
Pfeffer,	
Paprikapulver	und
gemahlenen Fenchelsamen	kräftig würzen. Eine kleine Auflaufform mit
Butter	einfetten, die Masse in die Form füllen und glatt streichen.
30 g Butter	erhitzen,
2 EL gemahlene Nüsse	einrühren und die Nussbutter über den Auflauf träufeln. Auflauf im nicht vorgeheizten Backofen bei 180 °C 30 – 35 Minuten backen. Während der letzten Minuten gegebenenfalls mit Backpapier oder einem passenden Deckel abdecken, damit der Auflauf nicht zu dunkel wird. Warm servieren.

Tipp! Sehr lecker schmeckt der Auflauf auch mit fünfzig Gramm gekochten Kichererbsen statt Möhren, wie ich erst letzthin festgestellt habe. Sie können den Auflauf zusätzlich vor dem Backen mit geriebenem Käse bestreuen oder geriebenen Käse in die Masse einarbeiten.

Amarant ist mit ihren an Hirse erinnernden Körnern eine der ältesten Nutzpflanzen weltweit. Bereits die Azteken und Inkas verwendeten Amarant neben Quinoa und Mais als eines ihrer Hauptnahrungsmittel. Amarant hat einen hohen Gehalt an Eiweiß und Mineralstoffen wie Calcium, Magnesium, Eisen und Zink. Alle Inhaltsstoffe sind in einem für den Menschen günstigen Verhältnis vorhanden, nur einige Gerbstoffe, welche die Aufnahme von Mineralstoffen hemmen können, trüben das sonst ideale Bild. Amarant ist darüber hinaus glutenfrei und deshalb eine interessante Getreidealternative bei Zöliakie.

Amarantauflauf

50 g Amarant	in
200 ml Gemüsebrühe	aufkochen.
5 g Ingwer (1 – 2 cm)	schälen, fein reiben und mit
1 kleinen getrockneten Chilischote	zum Amarant geben. Alles etwa 5 Minuten unter Rühren köcheln lassen, dann auf der ausgeschalteten Herdplatte etwa 20 Minuten quellen lassen. Chilischote herausnehmen.
100 g Blumenkohl	in Röschen teilen, mit
2 EL Gemüsebrühe	nicht zu fein pürieren und in den Getreidebrei rühren.
50 – 60 g Frischkäse	und
1 – 2 Eier	in die Masse rühren.
40 g Lauch (5 cm)	in dünne Streifen schneiden und unterheben. Mit
Kräutersalz, Pfeffer, gerebeltem Majoran, mildem Paprikapulver	und
frisch geriebenem Muskat	kräftig würzen. Eine kleine Auflaufform mit
Butter	einfetten, die Masse einfüllen und glatt streichen.

Im nicht vorgeheizten Backofen bei 200 °C knapp 40 Minuten backen, am Ende gegebenenfalls mit Backpapier oder einem passenden Deckel abdecken, damit der Auflauf nicht zu dunkel wird. Weitere 5 – 10 Minuten im ausgeschalteten Ofen stehen lassen und dann servieren.

Tipp! Anstelle des Frischkäses schmeckt geriebener Hartkäse oder Blauschimmelkäse.
Auch anderes Gemüse statt Blumenkohl passt – gerne klein gewürfelt statt püriert – zu Amarant.
Zum Amarantauflauf passt eine kalte Soße aus Frischkäse, Schmand oder Joghurt, Schlagsahne und Tomatenmark.

Kartoffel-Fenchel gehört seit meiner Zeit als Inhaber des vegetarischen Vollwertrestaurants »Salatschüssel« in Heidenheim zu meinem Repertoire. Ich erinnere mich gut an den Besuch einer Rundfunkreporterin, die dieses Gericht damals über den Regionalsender vorstellte.

Kartoffel-Fenchel

200 g Kartoffeln	als Pellkartoffeln in gut 20 – 25 Minuten weich kochen, Kochwasser abgießen, dann die Kartoffeln mit kaltem Wasser abschrecken, pellen und in Scheiben schneiden.
1 nicht zu große Fenchelknolle	halbieren, Ansatz herausschneiden und im Gemüsesieb über
150 ml Gemüsebrühe	8 – 10 Minuten dünsten.
3 – 4 Frühlingszwiebeln	klein schneiden und mit
50 g getrockneten, eingelegten Tomatenstücken	in
2 – 3 EL Erdnussöl	anbraten. Dann
200 ml Gemüsebrühe	dazugießen und einige Minuten köcheln lassen. Vom Herd nehmen und
1 EL Maismehl	klumpenfrei unterrühren. Eine kleine Auflaufform gut mit
Pflanzenmargarine	einfetten, die Fenchelhälften in die Form legen, daneben die Kartoffelscheiben legen, gegebenenfalls auch die Fenchelhälften mit Kartoffelscheiben bedecken. Die Tomaten-Frühlingszwiebel-Soße mit
Kräutersalz, Pfeffer, Paprikapulver	und
frisch geriebenem Muskat	würzen und über das Fenchel-Kartoffel-Gemüse gießen. Im nicht vorgeheizten Backofen bei 180 °C 15 – 20 Minuten backen.

Tipp! Im Sommer empfehle ich, die Soße mit frischen, statt getrockneten Tomaten herzustellen.

Statt der Tomatensoße passt auch eine Soße aus Hokkaidokürbis (siehe Seite 162) oder aus Süßkartoffeln (siehe Seite 65) sehr gut.

Besonders lecker schmeckt es, wenn man eine Hälfte der Kartoffeln durch Süßkartoffeln ersetzt.

Wer nicht vegan kocht, kann vor dem Backen zusätzlich fünfzig Gramm geriebenen Käse wie Emmentaler, Roviner Hartkäse oder Appenzeller über den Kartoffel-Fenchel streuen und einen Teil der Gemüsebrühe durch Schlagsahne ersetzen.

Da Topinamburknollen meist klein sind, eignet sich das Gemüse vorzüglich für ein Singlegericht. Wenn Sie beim Aussuchen außerdem etwas aufpassen und möglichst glatte Stücke wählen, dauert auch das Schälen nicht sehr lang.

Topinamburauflauf

200 g Topinambur	schälen und in 3 – 4 mm dicke Scheiben schneiden.
50 g Sellerie	in etwas dünnere Scheiben schneiden. Beides im Gemüsesieb über
125 ml Gemüsebrühe	5 – 8 Minuten dünsten. Gemüsemischung anschließend mit
Kräutersalz,	
Pfeffer,	
gemahlenem Kreuzkümmel	und
gerebeltem Majoran	würzen und die Gemüsebrühe aufbewahren.
1 Frühlingszwiebel	in feine Ringe schneiden und in
20 g Butter	kurz anbraten.
80 g Weizen	fein mahlen und mit
½ TL Weinsteinbackpulver	mischen. Die bereits verwendete Gemüsebrühe nochmals aufkochen, die Frühlingszwiebel mit der Butter, dann das Vollkornmehl dazugeben. Etwas abkühlen lassen.
1 Ei	hineingeben und gut verrühren. Mit
Kräutersalz,	
Paprikapulver	und
frisch geriebenem Muskat	würzen. Wenn der Teig zu fest ist,
etwas Gemüsebrühe oder	
1 – 2 EL Schlagsahne	dazugeben.
50 – 60 g Emmentaler	fein reiben und zwei Drittel davon in den Teig einarbeiten. Eine kleine Auflaufform gut mit
Butter	einfetten. Das Gemüse hineingeben. Den Teig zu einem Teigdeckel mit gleichem Durchmesser wie die Auflaufform ausrollen und das Gemüse mit dem Teig bedecken.

Teigdeckel mit dem restlichen Käse bestreuen und den Auflauf im nicht vorgeheizten Backofen bei 180 °C etwa 40 Minuten backen.

Tipp! Gut schmeckt der Auflauf auch mit Pilzen wie Champignons oder Pfifferlingen.
Dazu passt eine Gemüse- oder Käsesoße oder – ganz unkompliziert – leicht gewürzter Joghurt.

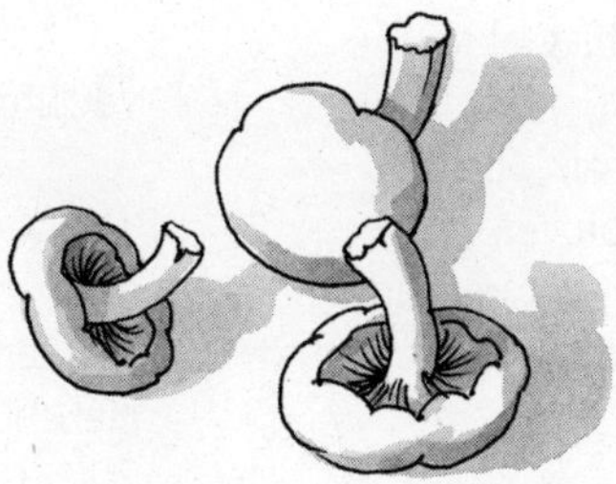

Achten Sie bei diesem Rezept besonders darauf, dass die Auberginenwürfel gleich groß sind, damit sie nach dem Dünsten alle die gleiche Konsistenz haben.

Mediterraner Auflauf

200 g gekochte Kartoffeln	schälen und in dünne Scheiben schneiden.
150 g Auberginen	in 1 cm große Würfel schneiden, leicht mit
Kräutersalz	bestreuen, in einem Sieb 15 Minuten ruhen lassen, dann mit Wasser spülen und trockentupfen. In einem Topf Wasser erhitzen,
1 Tomate	in das Wasser geben, nach kurzer Zeit herausnehmen, häuten und klein schneiden.
1 EL Olivenöl	in einer Pfanne erhitzen, die Auberginen darin anbraten, nach einigen Minuten die Tomate dazugeben, kurz mitbraten und mit
Kräutersalz	und
Pfeffer	würzen. Eine kleine Auflaufform mit
Butter	einfetten, die Auberginen und Tomaten auf dem Boden der Form verteilen. Darüber eine Schicht Kartoffeln legen und diese mit
frisch geriebenem Muskat	leicht bestreuen.
150 g Zucchini	in dünne Scheiben schneiden. Einige Zucchinischeiben über die Kartoffeln legen, darüber die restlichen Kartoffeln und über diese die restlichen Zucchini schichten.
150 g Magerquark	mit
2 EL Schlagsahne	und
1 Ei	verrühren. Mit
Kräutersalz, Pfeffer, Paprikapulver,	
gerebeltem Oregano	und
etwas Sojasoße	würzen und löffelweise über den Auflauf gießen. Im nicht vorgeheizten Backofen bei 200 °C 25 Minuten backen und servieren.

Tipp! Statt Quarkmasse schmeckt auch eine Tomaten- oder Käsesoße.

Toasts

Nur wenige Rezepte möchte ich in diesem Kapitel vorstellen, aber durch die Verwendung von unterschiedlichen Gemüse- und Käsesorten erhalten Sie eine große Vielfalt an Varianten, die immer sehr schnell zubereitet sind und auch keine besonderen Anforderungen an die Kochkunst erfordern. Dabei sind sie immer ein Genuss!

Avocados brauchen für die Kombination mit Toast im Gegensatz zu anderem Obst und Gemüse nicht vorab gedünstet zu werden und können sofort für das Gericht verwendet werden.

Avocadotoast

2 Scheiben Vollkorntoastbrot	kurz antoasten. Beide Scheiben mit
etwas Butter	bestreichen.
1 Avocado	der Länge nach halbieren, schälen, den Kern herausnehmen und die Schnittfläche der einen Hälfte mit
Zitronensaft	beträufeln. Die zweite Hälfte für einen Aufstrich verwenden (siehe Seite 126). Die erste Hälfte der Länge nach in 5 mm dicke Scheiben schneiden. Avocadoscheiben auf die gebutterten Toastscheiben legen.
½ Tomate	in etwa 5 mm dicke Scheiben schneiden. Je eine Tomatenscheibe auf die noch unbedeckten Toastflächen legen. Mit
Kräutersalz	und
Pfeffer	kräftig würzen. Den Rest der Avocadohälfte in dünne Scheiben schneiden und diese leicht über den Tomatenscheiben aufschichten.
2 Scheiben Tilsiter	über die Gemüsetoasts legen. Die Toasts unter dem Backofengrill einige Minuten überbacken. In dieser Zeit
1 EL Honig	und
2 EL Zitronensaft	aufkochen.
5 g Ingwer (1 – 2 cm)	schälen, reiben oder klein schneiden und dazugeben. Einige Minuten köcheln lassen, bis die Flüssigkeit leicht sirupartig wird, mit
Chilipulver	würzen. Die fertigen Toastscheiben mit dem Ingwersirup beträufeln und sofort genießen.

Tipp! Statt Zitronensaft können Sie auch einen Esslöffel Apfelessig oder Balsamico-Essig mit einem Esslöffel Wasser mischen.

Bananen lassen sich vielfältig einsetzen, sowohl in süßen als auch in überwiegend pikanten Gerichten, in denen ich sie fast bevorzuge.

Bananen-Käse-Toast

2 Scheiben Vollkorntoastbrot	kurz antoasten. Beide Scheiben mit
etwas Butter	bestreichen.
1 Banane	schälen, in Scheiben schneiden und die Toastbrote damit belegen.
1 kleine rote Zwiebel	schälen, in dünne Scheiben schneiden und auf die Bananenscheiben geben. Mit
Kräutersalz	und
Paprikapulver	leicht bestreuen.
2 Scheiben Appenzeller	auf die Toastbrote legen. Toasts im Backofen unter dem Grill überbacken, bis der Käse zerläuft. Herausnehmen und sofort servieren, am besten mit einem Chutney, zum Beispiel Rhabarberchutney (siehe Seite 133), oder einer pikanten Soße.

Tipp! Noch leckerer schmeckt der Toast, wenn Sie statt Butter einen pikanten Aufstrich verwenden, zum Beispiel einen Linsen- oder Süßkartoffelaufstrich (siehe Seite 130 und 127).

Mitunter sind es die scheinbaren Kleinigkeiten, die ein Gericht wirklich aus der Normalität herausheben, im folgenden Gericht ist dies das scharfe Chutney oder die Chilisoße.

Fencheltoast

2 Scheiben Vollkorntoastbrot	kurz antoasten. Beide Scheiben anschließend mit
etwas Butter	bestreichen.
½ Fenchelknolle	in sehr feine Scheiben schneiden, diese auf die beiden Toastscheiben häufen und mit
2 TL Chutney (siehe Seite 133 oder 134) oder Chilisoße	– verteilt auf beide Scheiben – beträufeln.
2 Scheiben französischen Hartkäse (wie Comté)	auf die Toastbrote legen und diese im Backofen unter dem Grill einige Minuten überbacken. Herausnehmen und sofort servieren.

Tipp! Schneiden Sie den Fenchel wirklich hauchdünn, sonst ist er nach dem kurzen Überbacken noch etwas zu fest.
Probieren Sie statt Fenchel auch in feine Scheiben geschnittene Pastinake.

Aufstriche und Chutneys

Aufstriche und Chutneys ähneln sich in der Herstellung und durch geringfügige Änderungen der Konsistenz kann man Chutneys auch als Aufstrich und Aufstriche wie ein Chutney zum Würzen oder als eine Art Soße verwenden.

Pikante Brotaufstriche eignen sich gut für ein Pausenbrot oder beim Wandern. Der Geschmack insbesondere von Aufstrichen aus Hülsenfrüchten überzeugt auch Nichtvegetarier und Nichtvollwertköstler.

Die birnenförmige Avocadofrucht zählt zu den Beeren. Avocados wachsen auf Bäumen, die zu den Lorbeergewächsen zählen. Die Früchte sind reich an ungesättigten Fettsäuren. Nach dem Schälen oder beim Durchschneiden oxidiert das Fruchtfleisch sehr schnell, das heißt, es wird braun. Durch Beträufeln mit Zitronensaft können Sie dies verhindern.

Avocadoaufstrich

1 kleine Zwiebel	schälen und klein würfeln. In
1 EL Olivenöl	leicht anbraten, vom Herd nehmen.
½ Avocado	entkernen, schälen und klein schneiden.
½ Tomate	klein schneiden. Avocado und Tomate mit
50 ml Schlagsahne	zur Zwiebel geben.
	Alles pürieren und kräftig mit
Kräutersalz,	
Paprikapulver,	
Pfeffer	und
Sojasoße	würzen. Kalt stellen und rasch verbrauchen.

Tipp! Statt Schlagsahne können Sie auch Butter oder als vegane Variante Seidentofu verwenden.

Dieser Aufstrich ist einer meiner absoluten Favoriten, vor allem durch die Beigabe von Johannisbeeren.

Pikanter Süßkartoffelaufstrich

2 Frühlingszwiebeln	in schmale Ringe schneiden.
5 g Ingwer (1 – 2 cm)	schälen und klein schneiden. Frühlingswiebeln und Ingwer in
20 g Butter	kurz anbraten.
200 g Süßkartoffeln	schälen, in dünne Scheiben schneiden und mit
100 ml Gemüsebrühe	zu den Frühlingszwiebeln geben. Aufkochen und zugedeckt bei schwacher Hitze 10 – 15 Minuten köcheln lassen.
100 g rote Johannisbeeren	dazugeben und weitere 5 Minuten köcheln lassen. Mit
Kräutersalz, Pfeffer, Chilipulver, gemahlenem Kreuzkümmel, klein geschnittenem Basilikum, Paprikapulver	und
gemahlenen Fenchelsamen	kräftig würzen. Nochmals
20 g Butter	dazugeben und alles pürieren, gegebenenfalls noch
etwas Butter	dazugeben. In ein Schraubglas füllen und abkühlen lassen. Im Kühlschrank aufbewahrt hält sich der Aufstrich einige Tage.

Tipp! Statt Ingwer können Sie auch eine Knoblauchzehe verwenden und statt Johannisbeeren auch Stachelbeeren.
Wenn Sie sich mit den Beeren nicht anfreunden können, verwenden Sie stattdessen fein geriebene Möhren oder Sellerie.

Selten koche oder dünste ich Gemüse nur für einen Aufstrich, weil mir das Kochen solch einer kleinen Menge zu aufwendig ist. Für einen Gemüseaufstrich nehme ich entweder bei der Zubereitung eines Gemüsegerichtes bewusst mehr Gemüse, als ich essen kann, oder es bleibt zufällig ein kleiner Rest übrig, der nicht für eine zweite Mahlzeit reicht.

Gemüseaufstrich

½ Zwiebel	schälen und klein würfeln.
70 – 80 g Butter oder Pflanzenmargarine	erhitzen, Zwiebelwürfel und
150 g gedünstetes, gemischtes Gemüse	mit
wenig (Gemüsekoch-)Flüssigkeit	dazugeben. Mit
Kräutersalz, Pfeffer, gerebeltem Oregano, gerebeltem Majoran	und
Currypulver	würzen. Alles pürieren, in ein Schraubglas geben und abkühlen lassen. Im Kühlschrank aufbewahrt hält sich der Aufstrich einige Tage.

Tipp! Statt des gemischten Gemüses können Sie auch nur eine einzige Gemüseart verwenden. Bei Kohlrabi pur weiß ich allerdings von weniger guten Erfahrungen.

Frisch, schnell zubereitet, lecker und so appetitlich anzusehen, was will man mehr!

Käsebällchen

100 g Frischkäse	mit
1 EL Joghurt	vermischen und mit
Kräutersalz,	
Pfeffer	und
Paprikapulver	würzen.
1 Frühlingszwiebel	sehr fein schneiden,
½ Knoblauchzehe	schälen und zerdrücken.
	Frühlingszwiebel und Knoblauch mit
1 EL gemahlenen Mandeln	unter den Frischkäse mischen.
	Tischtennisballgroße Kugeln aus der Masse formen und mit
1 – 2 EL Mandelsplittern	spicken.

Tipp! Statt Mandelsplitter können Sie auch gehackte Pistazien verwenden.

Ob Sojabohnen, Kichererbsen, große oder kleine, braune, rote oder schwarze Linsen – dieser pikante Aufstrich ist immer einsame Spitze!

Hülsenfrüchtepaste

50 g Hülsenfrüchte nach Wahl	nach Grundrezept weichkochen (siehe ab Seite 22).
80 – 100 g Butter	dazugeben, mit
gerebeltem Majoran,	
Kräutersalz,	
Pfeffer,	
Cayennepfeffer,	
gemahlenen Fenchelsamen	und
Paprikapulver	kräftig würzen.
	Alles pürieren, in ein Schraubglas füllen und abkühlen lassen. Im Kühlschrank aufbewahrt hält sich der Aufstrich einige Tage.

Tipp! Ingwer oder Knoblauch oder auch eine Kombination aus beiden passt ebenfalls ausgezeichnet zu Hülsenfrüchten.

Wenn Sie im Winter vom Kuchenbacken einige Stachelbeeren aus dem Tiefkühlfach übrig haben und für die Weihnachtsbäckerei zu viele Trockenfrüchte gekauft haben, dann nutzen Sie beides doch einfach für den folgenden exquisiten Aufstrich.

Stachelbeer-Dattel-Aufstrich

50 g entsteinte Datteln	klein schneiden.
10 g Ingwer (2 – 4 cm)	schälen und reiben. Datteln und Ingwer in
50 ml Apfelsaft	und
30 g Honig	
oder Sirup (1 EL)	aufkochen,
80 – 100 g Stachelbeeren	dazugeben, einige Minuten köcheln lassen, dann die Mischung pürieren.
1 gehäuften TL	
Pfeilwurzelmehl	mit
2 EL Wasser	verrühren, unter Rühren in das Püree geben und nochmals aufkochen. Vom Herd nehmen, in ein Schraubglas füllen und abkühlen lassen. Im Kühlschrank aufbewahrt hält sich der Aufstrich einige Tage.

Tipp! Im Sommer und Herbst können Sie auch frische Stachelbeeren, Johannisbeeren, Brombeeren oder Zwetschgen statt der aufgetauten Stachelbeeren verwenden und eine Banane oder etwas süße Melone statt der Datteln dazugeben.
Wenn Sie auf die Trockenfrüchte, Banane oder Melone als süße Bestandteile des Aufstrichs verzichten und nur säuerliche Beeren oder säuerliches Obst verwenden, sollten Sie die Honigmenge nach Geschmack erhöhen.

Süße Aufstriche auf Nussbasis sind nicht nur bei Kindern beliebt! Hier meine vollwertige Lieblingsvariante.

Carob-Kokos-Creme

100 g Butter	mit
50 g Honig	erwärmen, dann
50 – 70 g Kokosraspel	dazugeben.
2 – 3 gehäufte TL Carobpulver	durch ein Sieb zur Kokosmischung geben und alles gut verrühren. Kurz aufkochen lassen, dann in ein Schraubglas füllen und abkühlen lassen. Im Kühlschrank aufbewahrt hält sich die Creme einige Tage.

Tipp! Statt der Kokosraspel können Sie auch gemahlene Nüsse verwenden. Ich mahle Nüsse bewusst nicht zu fein, da ich sie etwas gröber gemahlen mehr schätze.
Der Aufstrich schmeckt ausgezeichnet auch mit Kakao statt Carob oder zusätzlich mit Vanille oder Zimt gewürzt.
Für eine vegane Variante nehmen Sie statt Butter Pflanzenmargarine und statt Honig Sirup.

Das folgende Rezept für Rhabarberchutney gelingt ausgezeichnet auch mit Beeren oder Zwetschgen statt mit Rhabarber.

Rhabarberchutney

1 kleine Zwiebel	schälen, klein schneiden und in
20 g Butter	kurz andünsten.
100 g Rhabarber	klein schneiden und mit
50 ml Gemüsebrühe	zur Zwiebel geben.
1 Knoblauchzehe	schälen und zerdrücken. Mit
1 kleinen getrockneten Chilischote	und
1 EL Tomatenmark	zum Rhabarber geben. Alles gut 5 Minuten köcheln lassen, die Chilischote herausfischen und den Rest nicht zu fein pürieren. Mit
Kräutersalz, gerebeltem Majoran, Pfeffer, gemahlenem Kreuzkümmel	und
Paprikapulver	kräftig würzen. In ein Schraubglas füllen und abkühlen lassen. Im Kühlschrank aufbewahrt hält sich das Chutney einige Tage.

Tipp! Falls das Püree zu flüssig ist, lösen Sie einen gehäuften Teelöffel Pfeilwurzelmehl in einem Esslöffel Wasser auf, geben dies in das Püree und kochen es nochmals kurz auf.

Wem die Kombination von Rhabarber oder Obst mit Chili nicht behagt (siehe Seite 133), ist mit diesem scharfen Tomatenchutney vielleicht besser beraten.

Tomatenchutney

1 – 2 Tomaten	kurz in kochendes Wasser geben, dann häuten und klein schneiden.
1 Frühlingszwiebel	in dünne Ringe schneiden.
10 g Ingwer (2 – 4 cm)	schälen und in dünne Stifte schneiden. Frühlingszwiebel und Ingwer mit
1 getrockneten Chilischote	in
1 EL Olivenöl	anbraten, die Tomatenstücke mit
50 ml Gemüsebrühe	zur Zwiebel geben, aufkochen und gut 5 Minuten köcheln lassen. Kräftig mit
Sojasoße, gemahlenem Kreuzkümmel, Paprikapulver, Pfeffer, Kräutersalz	und
klein geschnittenem Basilikum	würzen. Das Ganze nicht zu fein pürieren. Nochmals aufkochen, in ein Schraubglas füllen und abkühlen lassen. Im Kühlschrank aufbewahrt hält sich das Chutney einige Tage.

Tipp! Wenn das Püree zu flüssig ist, lässt es sich mit etwas Pfeilwurzelmehl eindicken (siehe Tipp Seite 133).

Knoblauchfans können dieses Zwiebelgewächs statt oder zusätzlich zum Ingwer verwenden.

Süßes

Ob Hauptgericht oder Dessert, für Süßes bin ich immer zu haben! Allerdings darf es nicht zu süß sein, sodass auch meine Rezepte nicht allzu viel Honig enthalten. So wird der eine oder andere, der noch an die Süße von Weißmehl-Zucker-Produkten gewöhnt ist oder sich daran erinnert, anfangs vielleicht etwas mehr Süßungsmittel zusetzen, als in den nachfolgenden Rezepten beschrieben.

Viele lieben die klassische Milchreisvariante mit Honig und Zimt, doch kann man mit Milchreis herrlich variieren und immer wieder eine neue Kombination kreieren.

Milchreis mit Beeren

125 g Vollkornrundkornreis	in
150 ml Wasser	und
150 ml Milch	
oder Schlagsahne	aufkochen und 35 – 40 Minuten auf der niedersten Temperatureinstellung köcheln lassen, bis der Reis weich ist. Gegebenenfalls noch etwas Flüssigkeit zugießen. Dann
1 – 2 EL honiggesüßten	
Sanddornsaft	einrühren. Vom Herd nehmen und
100 g rote Johannisbeeren	unterheben.
50 ml Schlagsahne	sehr steif schlagen.
	Anschließend sofort Reis und Sahne getrennt servieren.

Tipp! Nehmen Sie statt Johannisbeeren Brombeeren oder im Winter klein geschnittene Trockenfrüchte oder Rosinen, in diesem Fall aber nur fünfzig bis sechzig Gramm.
Außerdem können Sie den Milchreis mit klein gehackten Mandeln oder Nüssen genießen, Kokosraspel schmecken mir auch sehr gut dazu.
Sehr gut schmeckt auch Rote Grütze zum Reis (siehe Seite 144).
Für eine tierisch-eiweißfreie Variante können Sie statt Milch und Schlagsahne auch Sojadrink nehmen oder den Reis in Obstsaft köcheln lassen. Wählen Sie in diesem Fall statt des honiggesüßen Sanddornsaftes eine sirupgesüßte Alternative.

Warum die Armen Ritter so heißen, wie sie heißen, hat sich mir noch nicht erschlossen. Aber wichtig ist schließlich nicht der Name, sondern der Genuss, und dieser kommt hier auf keinen Fall zu kurz.

Arme Ritter

2 Scheiben Vollkorntoastbrot	diagonal durchschneiden.
1 Ei	mit
1 – 2 TL flüssigem Honig	und
50 ml Milch	gut verrühren.
50 g Kokosraspel	in einem flachen Teller verteilen. Die Toastbrotdreiecke in die Eiermilch tauchen, dann mit beiden Seiten in die Kokosraspel drücken. In einer Pfanne
20 – 30 g Butter	erhitzen, die Toastbrotdreiecke hineingeben und auf beiden Seiten leicht bräunen. Herausnehmen und warm servieren.

Tipp! Auch Mandelblättchen oder gemahlene Haselnüsse statt Kokosraspel passen sehr gut.

Zu Armen Rittern passt Eis oder Schlagsahne mit Roter Grütze (siehe Seite 144).

Aus altbackenem Brot oder Brötchen lassen sich herrliche süße Gerichte zaubern! Der folgende Auflauf erinnert dabei an eine schwäbische Spezialität, den Ofenschlupfer. Die Menge ist so berechnet, dass sie für zwei Mahlzeiten reicht.

Bananen-Brot-Auflauf

280 – 300 ml Milch	mit
1 Ei	und
30 – 50 g flüssigem Honig (1 – 2 EL)	verquirlen.
2 altbackene Vollkornbrötchen	in kleine Stücke schneiden oder brechen, mit der Milchmischung übergießen und unter gelegentlichem Zerdrücken einige Stunden durchziehen lassen. Dann
100 g gemahlene Haselnüsse	und
Zimtpulver	einarbeiten und nochmals 30 Minuten ruhen lassen. Eine kleine runde Auflaufform mit etwa 18 cm Durchmesser mit
Butter	gut einfetten. Ein Drittel der Masse einfüllen.
1 große Banane	schälen, in Scheiben schneiden und diese auf die Brotmasse legen. Die Hälfte der verbliebenen Brotmasse auf die Bananenscheiben geben und glatt streichen.
4 – 5 EL Obstmus	darüber verteilen und mit der restlichen Brotmasse bedecken.
Butterflöckchen	darüber verteilen und im nicht vorgeheizten Backofen bei 180 °C etwa 60 Minuten backen. Herausnehmen und heiß servieren.

Tipp! Die benötigte Flüssigkeitsmenge lässt sich nicht genau angeben, da diese nicht zuletzt davon abhängt, wie trocken das Brot als Ausgangsmaterial ist.
Wer möchte, kann auch weniger Milch und dafür ein zweites Ei verwenden.
Statt Banane schmecken auch Äpfel, Birnen oder anderes Obst.
Der Auflauf lässt sich am nächsten Tag auch kalt genießen oder Sie backen ihn im Ofen kurz noch einmal auf. Er lässt sich auch gut einfrieren.
Dazu passt Obstmus, Vanille- oder Zimtsoße.

Das folgende Rezept gelingt ebenso gut mit Stachelbeeren und der Auflauf von Seite 141 schmeckt ausgezeichnet auch mit Rhabarber. Beide Auflaufvarianten eignen sich außerdem für Johannisbeeren, die Sie ohne Andünsten verwenden können.

Rhabarberauflauf

400 g Rhabarber	in gut 1 cm lange Stücke schneiden.
1 EL Honig	mit
1 EL Apfelsaft	erwärmen,
etwas Ingwer	schälen, reiben und mit dem Rhabarber zur Honig-Apfelsaft-Mischung geben.
125 g Schmand	mit
1 – 2 EL Honig,	
1 Ei,	
2 EL gemahlenen Haselnüssen,	
1 EL Dinkelvollkorngrieß	und
Vanillepulver	gut verrühren. Eine kleine Auflaufform mit
Butter	einfetten, die Hälfte der Schmandmasse einfüllen, darauf den abgetropften Rhabarber verteilen und mit der restlichen Schmandmasse bedecken. Auflauf im nicht vorgeheizten Backofen bei 180 °C 35 – 40 Minuten backen.

Tipp! Statt Schmand können Sie auch Magerquark oder normal fetten Quark verwenden, auch Mascarpone schmeckt sehr lecker.

Und hier der

Stachelbeerauflauf

60 g Butter	mit
60 g Honig	schaumig rühren.
100 g Dinkel	und
50 g Buchweizen	fein mahlen, mit
1 knappen TL Weinsteinbackpulver	vermischen. Mehlmischung mit
1 Ei	zur Butter-Honig-Creme geben und gut verrühren.
30 g Butter	mit
30 g Honig (1 EL)	erwärmen und verrühren.
2 – 3 EL nicht zu fein gemahlene Haselnüsse	mit
Zimtpulver	dazugeben. Eine kleine Auflaufform mit
Butter	einfetten. Knapp die Hälfte des Teigs in die Auflaufform geben und glatt streichen.
250 g Stachelbeeren	in
wenig Wasser oder Obstsaft	kurz andünsten. Die Haselnussmasse auf dem Teig verteilen, darauf die abgetropften Stachelbeeren geben. Das Ganze mit dem restlichen Teig bedecken. Den Auflauf im nicht vorgeheizten Backofen bei 200 °C 40 – 50 Minuten backen.

Tipp! Neben frischem Obst eignet sich auch tiefgefrorenes Obst. Dieses sollten Sie allerdings auftauen und etwas abtropfen lassen, bevor Sie es auf dem Teig verteilen.

Bei den folgenden Dinkelpfannkuchen handelt es sich nicht um Berliner Pfannkuchen, die wie Krapfen in heißem Fett ausgebacken werden, sondern um in der Pfanne ausgebackene Eierkuchen.

Dinkelpfannkuchen

100 g Dinkel	fein mahlen. Mit
2 Eiern,	
75 ml Milch	und
50 – 70 ml Mineralwasser	verrühren. Mit
Kräutersalz	und
frisch geriebenem Muskat	würzen. 15 – 20 Minuten quellen lassen, gegebenenfalls noch etwas Flüssigkeit unterrühren.
	In einer Pfanne
1 EL Erdnussöl	erhitzen. Löffelweise etwas Teig hineingeben, auf beiden Seiten backen, bis der Pfannkuchen schön gebräunt ist. Fertige Pfannkuchen warm stellen. Wenn alle Pfannkuchen ausgebacken sind, mit Apfelmus servieren.

Tipp! Gut schmeckt zusätzlich ein Teelöffel Carobpulver oder Kakaopulver im Teig.

Statt Dinkel können Sie auch Weizen verwenden.

Falls etwas von den Pfannkuchen übrig bleibt, können Sie damit am nächsten Tag eine leckere Suppe zubereiten (siehe Seite 39).

Zu den Dinkelpfannkuchen passt besonders gut

Apfelmus

30 g Honig oder Sirup (1 EL)	leicht erwärmen, bis er richtig flüssig ist.
2 – 3 Äpfel	schälen, Kerngehäuse herausschneiden und Äpfel in dünne Scheiben schneiden. Äpfel mit
2 – 3 EL Apfelsaft	zum Honig geben und unter gelegentlichem Rühren knapp 10 Minuten köcheln lassen. In ein Schraubglas füllen.

Tipp! Geben Sie einige klein geschnittene Zwetschgen oder auch Trockenobst zu den Äpfeln und würzen Sie mit Ingwer, Zimt oder Vanille.

Nach Belieben können Sie die Äpfel nach dem Kochen ganz oder teilweise pürieren.

Auch Rote Grütze schmeckt vorzüglich zu Pfannkuchen.

Rote Grütze

3 – 4 Zwetschgen	entsteinen und klein schneiden. Mit
1 – 2 EL Honig oder Sirup,	
1 – 2 EL Wasser,	
150 g roten Johannisbeeren	und
50 g schwarzen Johannisbeeren	aufkochen und 5 Minuten köcheln lassen.
2 TL Pfeilwurzelmehl	in
1 EL Wasser	auflösen, in die Fruchtmischung geben, nochmals aufkochen und abkühlen lassen.

Tipp! Wenn ich im Spätsommer bei mir im Garten reichlich Brombeeren habe, dann bereite ich die Rote Grütze mit Brombeeren und Zwetschgen zu.

Gerne gebe ich auch noch eine kleine Menge sehr klein und dünn geschnittene Honigmelone dazu.

Wenn sich die Rhabarberzeit dem Ende zuneigt, kann es zu höchst erfreulichen Begegnungen mit herrlich roten und saftigen einheimischen Erdbeeren kommen, wie beim folgenden Rezept.

Panna cotta auf Erdbeer-Rhabarber-Mus

	Für das **Erdbeer-Rhabarber-Mus**
1 Rhabarberstange	von der äußersten Haut befreien und in etwa 1 cm breite Stücke schneiden. Mit
1 TL Honig	und
1 EL Apfelsaft	aufkochen und einige Minuten köcheln lassen. Dann mit
80 g Erdbeeren	pürieren. Abkühlen lassen.
	Für die **Panna cotta**
125 ml Schlagsahne	mit
30 g Honig (1 EL)	aufkochen.
1 gehäuften TL Pfeilwurzelmehl	in
1 EL Wasser	auflösen. Die kochende Sahne vom Herd nehmen und das gelöste Pfeilwurzelmehl einrühren. Etwas abkühlen lassen. Das Erdbeer-Rhabarber-Mus in eine Dessertschale füllen und mit der gekochten Sahne bedecken.

Tipp! Wenn Sie die Panna cotta etwas fester lieben, nehmen Sie einfach etwas mehr Pfeilwurzelmehl.

Schneller geht es, wenn Sie bei der Zubereitung eines Rhabarberkuchens oder -auflaufs (siehe Seite 156 oder 140) extra etwas mehr Rhabarber für das Erdbeer-Rhabarber-Mus dünsten.

Auch roh pürierter Rhabarber schmeckt in dieser Kombination sehr lecker.

Statt Erdbeeren können Sie auch Bananen verwenden.

Kuchen

Auch wenn Sie für sich alleine kochen und backen, brauchen Sie nicht auf süße Kuchen zu verzichten, denn man kann sie meist sehr gut einfrieren oder auch einige Tage aufbewahren (siehe auch Seite 17). Am besten ist es aber, wenn Sie kleinere Kuchen backen und dafür eine kleine Kuchenform wählen, zum Beispiel eine Springform von 18 cm Durchmesser. Bei dieser Größe können Sie meist auch die Mengen von normalen, vollwertigen Kuchenrezepten gerade halbieren.

Leider gibt es immer mehr Menschen, die allergisch auf das Klebereiweiß oder Gluten der üblichen Getreidearten reagieren und diese nicht mehr vertragen. Trotz Glutenunverträglichkeit muss jedoch niemand auf Kuchen verzichten, glutenfreier Buchweizen, Reis und vor allem Mais mit seiner kräftigen gelben Farbe sind mehr als nur Ersatz.

Zwetschgenkuchen mit Streuseln oder Guss

125 g Maismehl	mit
1 TL Weinsteinbackpulver	mischen. Dann mit
1 Ei,	
50 g Butter,	
30 g Honig (1 EL),	
3 EL Schlagsahne	und
Zimtpulver	zu einem glatten Teig verrühren. Etwa 30 Minuten kühl stellen. Eine kleine Springform von 18 cm Durchmesser mit
Butter	einfetten. Zwei Drittel des Teigs in der Springform auswellen. Aus dem restlichen Teig einen etwa 2 cm hohen Rand anarbeiten.
300 – 400 g Zwetschgen	halbieren und entsteinen. Die Hälften ziemlich aufrecht ringförmig in die Backform stellen. Für die **Streusel**
50 g gemahlene Mandeln	mit
50 g Butter	und
30 g Honig (1 EL)	mit der Hand oder einer Gabel krümelig verarbeiten und über die Zwetschgen geben. Kuchen im nicht vorgeheizten Backofen bei 180 °C 35 – 40 Minuten backen. Fertigen Kuchen aus dem Ofen nehmen und ganz abkühlen lassen. Erst dann anschneiden.

Statt mit Streuseln können Sie die Zwetschgen auch mit einem **Guss** bedecken:

120 g Honigmelone	schälen, entkernen und mit
80 ml weißem Traubensaft	pürieren und aufkochen.
2 TL Pfeilwurzelmehl	in
2 EL Wasser	auflösen, in das kochende Püree einrühren, kurz köcheln lassen und das Püree als Guss über den Zwetschgen verteilen. Dann den Kuchen wie oben beschrieben fertigstellen.

Tipp! Wenn der Kuchen nicht glutenfrei sein soll, können Sie einen Teil des Maismehls durch glutenhaltige Getreidearten wie Dinkel oder Weizen ersetzen.

Ist keine Melone zur Hand, verwenden Sie für den Guss ausschließlich hundertfünfzig Milliliter weißen Traubensaft, allerdings sollten Sie dann mindestens drei bis vier Teelöffel Pfeilwurzelmehl verwenden. Zusätzlich können Sie gemahlene Mandeln oder Kokosraspel in den Guss rühren.

Aus eins mach zwei, ist das Motto der beiden folgenden Rezepte. Statt aus dem Hefeteig wie hier teils Melonen-Hefe-Taler und teils einen kleinen Hefezopf zu backen, können Sie den Teig natürlich auch vollständig für einen größeren Zopf oder doppelt so viele Hefetaler verwenden.

Melonen-Hefe-Taler

400 g Weizen	und
50 g Buchweizen	fein mahlen. Mit
100 g Butter,	
50 g Honig,	
2 Eiern	und
1 Päckchen Trockenhefe	in gut 10 Minuten zu einem glatten Teig verkneten. Zugedeckt an einem warmen Ort etwa 30 Minuten gehen lassen. Dann aus der Hälfte des Teigs vier bis fünf runde, 4 – 5 mm dicke Scheiben ausrollen.
250 g Honigmelone	schälen, entkernen und in dünne Scheiben schneiden. Die Teigtaler damit belegen, dabei jeweils einen Rand von etwa 1 cm Breite freilassen. Nochmals 15 Minuten gehen lassen.
30 g Honig (1 EL)	mit
50 g Butter	erwärmen und
100 g gemahlene Mandeln	einrühren. Die Melonenscheiben damit bedecken. Ein Backblech mit
Butter	einfetten, die Taler darauf legen und im nicht vorgeheizten Backofen bei 180 °C etwa 25 Minuten backen. Die Temperatur während der letzten Minuten gegebenenfalls etwas herunterschalten, damit die Taler nicht zu braun werden. Noch einige Minuten im ausgeschalteten Ofen lassen, dann herausnehmen und abkühlen lassen.

Tipp! Gut schmecken auch Johannisbeeren statt Melone, dann erhöhe ich die Honigmenge der Nussmischung auf fünfzig Gramm.

Kleiner Hefezopf

Die Hälfte des vorbereiteten Hefeteigs von Seite 150	in drei gleich große Stücke teilen und jeweils zu einer dünnen Rolle formen. Die drei Rollen zu einem Zopf verflechten. Ein Backblech mit
Butter	einfetten, den Zopf darauflegen und im nicht vorgeheizten Backofen bei 200 °C etwa 35 Minuten backen.
20 g Butter	erwärmen und den fertigen Zopf damit bestreichen.

Tipp! Statt den fertigen Zopf mit Butter zu bestreichen, können Sie ihn auch vor dem Backen mit einem Eigelb, verquirlt mit einem Esslöffel Milch, bestreichen.

Wer beim Genuss eines leckeren Käsekuchens denkt, um wie viel besser dieser Kuchen ohne Teigboden und Rand doch wäre, dem kann geholfen werden: Hier ist das Rezept!

Gebackener Quark mit Johannisbeeren

250 g Quark	mit
250 g Mascarpone,	
3 Eiern,	
75 g Honig,	
2 EL Speisestärke	und
2 EL gemahlenen Haselnüssen	gut verrühren. Mit
Vanillepulver	würzen. Eine kleine Springform von 18 cm Durchmesser gut mit
Butter	einfetten und mit
Kokosraspeln	ausstreuen. Gut die Hälfte der Quarkmasse abnehmen, nochmals
1 EL gemahlene Haselnüsse	unter die abgenommene Hälfte rühren und diese in die Kuchenform füllen.
300 g rote Johannisbeeren	darauf verteilen. Mit der restlichen Quarkmasse bedecken und zum Schluss nochmals
100 g rote Johannisbeeren	darüber verteilen. Im nicht vorgeheizten Backofen bei 180 °C etwa 45 Minuten backen, weitere 5 Minuten im ausgeschalteten Ofen lassen und dann aus dem Ofen nehmen. Ganz auskühlen lassen und vorsichtig aus der Form lösen.

Tipp! Statt Mascarpone eignet sich auch Ricotta.

Johannisbeerkuchen ist seit meiner Kindheit mein Lieblingskuchen oder sagen wir genauer, Johannisbeeren sind mein Lieblingsobst für Kuchen, denn ich verwende die Beeren (im schwäbischen »Träuble« genannt), in den unterschiedlichsten Kuchenvarianten.

Träubleskuchen mit Obstguss

150 g Weizen	fein mahlen. Mit
1 EL Sonnenblumenöl,	
60 ml Wasser,	
30 g Honig	
oder Sirup (1 EL)	und
Zimtpulver	zu einem Teig verarbeiten, kalt stellen und 30 Minuten ruhen lassen. Eine kleine Springform von 18 cm Durchmesser gut mit
Sonnenblumenöl	einfetten. Den Teig als Kuchenboden in der Form ausrollen und einen etwa 3 cm hohen Seitenrand anarbeiten.
300 g rote Johannisbeeren	mit
1 – 2 EL gemahlenen Mandeln	vermischen und die Mischung auf dem Kuchenboden verteilen.
1 Pfirsich	entkernen und pürieren. Pfirsichpüree mit
1 EL Honig	und
2 EL Wasser	aufkochen.
1 EL Pfeilwurzelmehl	in
2 EL Wasser	auflösen, in die Pfirsichmischung einrühren, nochmals kurz aufkochen, vom Herd nehmen und über die Johannisbeeren gießen. Kuchen im nicht vorgeheizten Backofen bei 200 °C 35 – 40 Minuten backen, dann einige Minuten im ausgeschalteten Ofen stehen lassen. Aus dem Ofen nehmen und mehrere Stunden oder über Nacht auskühlen lassen. Erst dann aus der Form nehmen.

Tipp! Statt Öl und Wasser eignet sich hundert Gramm Margarine.

Erdbeeren isst man meist ganz frisch, ob im Obstsalat, mit Sahne, Tofu oder Eis. Doch auch gekocht als Aufstrich oder gebacken im Kuchen – die Beeren sind immer Spitze!

Erdbeerkuchen

2 Eier	trennen, die Eigelbe mit
40 g Honig (1 guter EL)	und
2 EL Wasser	schaumig rühren.
90 g Weizen	fein mahlen, mit
1 TL Weinsteinbackpulver	mischen und mit dem Eigelbschaum verrühren. Die Eiweiße steif schlagen und vorsichtig unterheben. Den Rand einer Springform von 18 cm Durchmesser gut mit
Butter	einfetten, den Boden der Form mit Backpapier belegen. Teig einfüllen und glatt streichen. Im nicht vorgeheizten Backofen bei 180 °C 12 – 15 Minuten backen, anschließend noch einige Minuten im ausgeschalteten Ofen lassen. Dann aus dem Ofen nehmen, auf ein Küchentuch stürzen und das Backpapier abziehen. Auf einem Kuchengitter abkühlen lassen. Anschließend quer halbieren. Die eine Kuchenhälfte für einen anderen Zweck beiseite stellen (siehe Tipps).
30 g Butter	mit
20 g Honig (1 knapper EL)	erwärmen, bis beides flüssig ist.
2 EL gemahlene Mandeln	einrühren und die Mischung auf die Schnittfläche der zweiten Kuchenhälfte streichen.
250 g Erdbeeren	auf dem Kuchen verteilen, größere Beeren gegebenenfalls halbieren und mit den Schnittflächen nach unten auf den Kuchen legen.

150 ml roten Traubensaft	erhitzen,
2 TL Pfeilwurzelmehl	in
1 EL Wasser	auflösen und in den fast kochenden Saft einrühren, vom Herd nehmen und sofort mit einem Löffel über die Erdbeeren gießen. Kuchen in den Kühlschrank stellen und völlig abkühlen lassen. Mit geschlagener Sahne servieren.

Tipp! Versuchen Sie auch einmal Himbeeren oder Johannisbeeren statt Erdbeeren!

Den restlichen Kuchenboden können Sie einfrieren und dann für einen weiteren Kuchen oder auch für ein Tiramisu verwenden.

Der feine Geschmack der Maronen zeichnet diesen Rhabarberkuchen ganz besonders aus.

Rhabarber-Maronen-Kuchen

120 g Dinkel	fein mahlen.
60 g Butter	leicht erhitzen, bis sie flüssig ist.
100 g gekochte Maronen	mit
2 EL Schlagsahne	pürieren, gegebenenfalls eine kleine Menge der flüssigen Butter dazugeben. Mehl, Butter und Maronenmischung gut mit
1 EL Honig	und
etwas Vanillepulver	mischen. Eine kleine Springform von 18 cm Durchmesser mit
Butter	einfetten. Den Teig bis auf einen Rest von 3 EL darin verteilen und einen kleinen Rand anarbeiten. Von
350 g Rhabarber	die äußerste Haut entfernen. Rhabarber klein schneiden, in
2 EL rotem Traubensaft	andünsten, den Rhabarber etwas abtropfen lassen und auf dem Teigboden verteilen.
1 Ei	trennen, das Eigelb mit dem restlichen Teig, sowie
1 EL Honig	
½ TL Zimtpulver	verrühren. Das Eiweiß mit
1 TL kaltem Wasser	sehr steif schlagen und unter den Eigelb-Zimt-Teig heben. Zimtteig auf dem Rhabarber verteilen. Kuchen im nicht vorgeheizten Backofen bei 180 °C etwa 30 Minuten backen, dann auf 150 °C herunterschalten und weitere 5 Minuten backen. Ofen ausschalten und den Kuchen noch etwas im Ofen lassen. Vor dem Herausnehmen aus der Form ganz erkalten lassen.

Tipp! Am nächsten Tag schmeckt der Kuchen meist noch besser.

Frisch schmecken Brombeeren natürlich am besten, aber wenn Sie einmal zu viele gekauft oder gepflückt haben, ist die folgende Brombeer-Möhren-Torte eine überaus wohlschmeckende Variante der Verwendung.

Brombeer-Möhren-Torte

2 Eier	trennen. Die Eigelbe mit
50 g Honig	schaumig rühren.
75 g Dinkel	und
75 g Mandeln	fein mahlen und mit
1 EL Weinsteinbackpulver	mischen.
125 g Möhren	sehr fein reiben. Alles zum Eigelbschaum geben und gut verrühren. Mit
Zimtpulver	würzen. Die Eiweiße sehr steif schlagen und vorsichtig unterheben. Eine kleine Springform von 18 cm Durchmesser gut mit
Butter	einfetten.
	Gut ein Drittel des Teigs einfüllen, dann
300 g Brombeeren	darauf verteilen und mit dem restlichen Teig bedecken.
	Kuchen im nicht vorgeheizten Backofen bei 200 °C etwa 40 Minuten backen, während der letzten Minuten gegebenenfalls abdecken, damit der Kuchen nicht zu dunkel wird. Fertigen Kuchen aus dem Ofen und der Form nehmen und abkühlen lassen.

Tipp! Probieren Sie auch einmal Weizen statt Dinkel, Walnüsse statt Mandeln, Erdbeeren oder Himbeeren statt Brombeeren oder Hokkaidokürbis statt Möhren.

Muffins schmecken auch am nächsten Tag noch gut und sie lassen sich gut einfrieren – das ist günstig, denn sechs Muffins wie in diesem Rezept sind auf einmal zu viel für eine Person.

Johannisbeermuffins

120 g Weizen	fein mahlen, mit
2 TL Weinsteinbackpulver,	
½ TL Natron,	
Zimtpulver	und
Vanillepulver	mischen.
1 kleines Ei	leicht verquirlen und mit
30 g Honig (1 EL),	
60 g Butter	und
60 g Joghurt	verrühren. Die Mehlmischung einrühren. Vorsichtig
100 g rote Johannisbeeren	unterheben. Den Teig gleichmäßig in sechs Papiermuffinformen füllen, diese gegebenenfalls in ein Muffinbackblech stellen, damit sie mehr Halt haben, und im nicht vorgeheizten Backofen bei 180 °C gut 15 Minuten backen. Aus dem Ofen nehmen, etwas abkühlen lassen und aus den Formen lösen.

Tipp! Sie können zusätzlich einige schwarze Johannisbeeren zu den roten Johannisbeeren geben.

Die klassischen Muffins aus Nordamerika werden mit Heidelbeeren gebacken, die Sie auch in diesem Rezept statt Johannisbeeren verwenden können.

Fertiggerichte optimieren

Lange habe ich mit mir gerungen, ob ich dieses Kapitel wirklich in mein Buch aufnehmen soll, aber gerade im kleinen Haushalt wird es immer wieder vorkommen, dass Sie wenig Zeit haben oder manche Gerichte zu aufwendig sind, um sie für eine Person allein herzustellen. Dann greift der eine oder andere auch mal zu Fertiggerichten aus dem Bioladen, dem Reformhaus oder dem Supermarkt. Mit den folgenden Tipps und Rezepten möchte ich Hinweise geben, wie Sie Halbfertig- und Fertiggerichte vollwertig abrunden können.

- Legen Sie immer Wert darauf, nach Möglichkeit **vollwertige Bioware** zu kaufen. Schauen Sie vor allem auf die **Zutatenlisten** der Fertigprodukte, dann wird man sich doch manchmal für ein anderes Produkt oder zum Selbstkochen entscheiden.
- Versuchen Sie als **Vorspeise** stets einen **Salat** zu genießen.
- Wenn ich im Urlaub eine Ferienwohnung mit Küche miete, habe ich nach einem Wandertag meist nicht so viel Lust, richtig zu kochen, zumal die verfügbaren Zutaten doch meist sehr begrenzt sind. Dann kaufe ich manchmal eine **tiefgefrorene Pizza,** achte allerdings darauf, dass kein Kunstkäse darauf liegt, sondern echter Käse. Gerne noch etwas mehr Käse, vielleicht auch zusätzlich Tomaten oder Gemüse dazu.
- Auch eine fertige **vegetarische Bolognesesoße** oder **Tomatensoße** kommt bei mir selten ohne geschmackliche Verbesserungen, zum Beispiel durch Butter, Sahne oder Käse, auf den Tisch.

Natürlich können Sie, wenn Sie sich viel Zeit nehmen, Esskastanien oder Maronen auch in der Schale kaufen und selbst garen und schälen. Aber fast fertig vorbereitet gekauft, können Sie die Kastanien sofort verwenden.

Pikantes Kastanienpüree

150 g Kartoffeln	schälen, in dünne Scheiben schneiden, in
150 ml Gemüsebrühe	aufkochen und gut 10 Minuten köcheln lassen.
100 g gekochte Maronen	dazugeben und weitere 10 Minuten köcheln lassen.
½ Zwiebel	schälen, grob würfeln und in
20 g Butter	kurz anbraten. Weitere
30 – 40 g Butter	zu den Kartoffeln und Maronen geben, dann die Zwiebel dazugeben und das Ganze pürieren. Gegebenenfalls noch
1 – 2 EL Schlagsahne	daruntermischen. Mit
Kräutersalz,	
Pfeffer,	
frisch geriebenem Muskat,	
gemahlenem Kreuzkümmel,	
gemahlenem Ingwer	und
gerebeltem Majoran	kräftig würzen,
etwas Schnittlauch	klein schneiden und vor dem Servieren über das Püree geben. Warm servieren.

Tipp! Nach Belieben können Sie noch einen Teelöffel Tomatenmark dazugeben.

Bleiben wir bei Püree, diesmal reinem Kartoffelpüree, das man als Fertigprodukt auch in Bioqualität kaufen kann, und überbacken es. Falls Ihnen die Menge zu viel ist, verwenden Sie die eine Hälfte als normales Püree. Lagern Sie in diesem Fall die zweite Hälfte im Kühlschrank. Um sie am nächsten Tag zu verwenden, müssen Sie gegebenenfalls noch etwas Flüssigkeit dazugeben.

Überbackenes Kartoffelpüree

1 Päckchen Kartoffelpüree	nach Packungsanleitung kochen, gegebenenfalls einen Teil der Milch durch Schlagsahne ersetzen.
20 g Butter	in die Masse einrühren. Wenn Sie Butter direkt aus dem Kühlschrank verwenden, sollten Sie sie zunächst erwärmen.
2 EL gemahlene Nüsse, 1 – 2 EL geriebenen Parmesan	und
1 Ei	in das Püree rühren. Mit
Kräutersalz, frisch geriebenem Muskat, Pfeffer	und
Paprikapulver	nachwürzen. Eine kleine Auflaufform mit
Butter	einfetten, die Masse einfüllen und glatt streichen.
50 g Bergkäse	fein raspeln und das Püree damit bestreuen. Püree im nicht vorgeheizten Backofen bei 180 °C etwa 15 Minuten backen. Herausnehmen und mit
fein geschnittenem Schnittlauch	bestreut servieren.

Tipp! Zusätzlich können Sie eine sehr fein gehackte Zwiebel zum Püree geben.

Das überbackene Kartoffelpüree passt zu Salat, Gemüsegerichten und Bratlingen.

Fertige Vollkorntortellini lassen sich mit einer besonderen Soße zum einen optisch, aber vor allem geschmacklich aufwerten.

Vollkorntortellini mit Kürbissoße

150 – 200 g fertige Vollkorntortellini mit Gemüse- oder Käsefüllung etwas Kräutersalz	nach Packungsanleitung in Wasser mit kochen.
	Für die **Kürbissoße**
½ kleine rote Zwiebel	schälen und fein würfeln.
10 g Ingwer (2 – 4 cm)	schälen und klein schneiden. Zwiebel und Ingwer in
20 g Butter	kurz anbraten.
150 g Kürbis	grob würfeln und mit
150 ml Gemüsebrühe	zur Zwiebel geben. 8 – 10 Minuten köcheln lassen. Mit
Sojasoße, Kräutersalz, Pfeffer	und
Currypulver	kräftig würzen, das Ganze pürieren, gegebenenfalls noch
1 – 2 EL Schlagsahne oder Joghurt	einrühren. Die Tortellini in ein Sieb abgießen. Die Soße zu den Tortellini servieren.

Tipp! Mit etwas mehr Flüssigkeit zubereitet, lässt sich die Kürbissoße auch als Suppe servieren.
Rühren Sie nach Belieben zusätzlich einen Teelöffel Kürbiskernöl vorsichtig in die Kürbissoße.

Maultaschen gehören für einen Schwaben zu den Grundnahrungsmitteln, aber der Aufwand, sie herzustellen, darf nicht unterschätzt werden. Daher wird man mitunter zu gekauften Produkten greifen, um sich seiner Leibspeise nicht zu lange enthalten zu müssen.

Überbackene Maultaschen mit Tomatensoße

	Für die **Tomatensoße**
1 Zwiebel	schälen, fein würfeln und in
2 EL Butter	kurz anbraten.
2 Tomaten	kurz in kochendes Wasser geben, dann häuten und klein schneiden. Zur Zwiebel geben.
200 ml Gemüsebrühe	zugießen, mit
klein geschnittenem Basilikum	würzen und gut 5 Minuten köcheln lassen. Die Tomatenstücke zerstampfen oder das Ganze pürieren. Eine kleine Auflaufform gut mit
Butter	einfetten.
200 g fertige Maultaschen mit Gemüsefüllung	halbieren und in die Auflaufform schichten. Die Tomatensoße darüber gießen.
80 g Hartkäse (wie Provolone)	grob reiben und über den Maultaschen verteilen. Im nicht vorgeheizten Backofen bei 180 °C 15 – 20 Minuten überbacken. Herausnehmen und sofort servieren.

Tipp! Wenn die gekaufte Packung mehr Maultaschen enthält, können Sie am nächsten Tag eine Maultaschensuppe kochen oder die Maultaschen klein geschnitten in Ei anbraten.
Im Winter bietet sich statt Tomatensoße auch eine Kürbissoße (siehe Seite 162) oder eine Süßkartoffelsoße (siehe Seite 65) an.

Dieses Gericht hat mir von allen Rezepten in diesem Buch wohl die größten Schwierigkeiten gemacht, obwohl es doch (fast) nicht einfacher geht, sollte man zumindest meinen.

Gutgläubig, wie ich bin, habe ich blindlings der Anleitung geglaubt, die auf der Nahrungsmittelpackung aufgedruckt ist: Das Sojagranulat in die dreifache Menge heißes Wasser oder Gemüsebrühe einrühren, 10 Minuten quellen lassen und dann weiterverarbeiten. Genau das habe ich gemacht, doch das Resultat war weit davon entfernt, weiterverarbeitet werden zu können. Was tun? Nochmals aufkochen und weitere 20 Minuten quellen lassen, das Ergebnis war nur geringfügig besser. So viel Bindemittel wie Maismehl oder Grieß konnte ich gar nicht dazugeben, als dass ich daraus etwas Vernünftiges hätte machen können, aber Wegwerfen ist nicht unbedingt meine Sache. Also habe ich vorsichtig etwas Flüssigkeit abgegossen und mit Maismehl, gemahlenen Nüssen und Dinkelgrieß eine einigermaßen formbare Masse hergestellt. Immer wieder musste ich nachwürzen. Dann habe ich den Teig für das erste Testküchle in die Pfanne gegeben, mit einem Durchmesser von etwa 7 cm und kapp 1 cm dick. Als ich es nach 7 Minuten wenden wollte, zerfiel es in viele Teile. Also habe ich zum restlichen Küchleteig noch mehr Dinkelgrieß und Bindemittel gegeben und versucht, die Küchle mit der Hand zu formen, was zum Beispiel bei Reisküchle ein probates Mittel ist. Richtig kneten funktioniert nicht, denn wenn man es versucht, tritt nur Wasser aus dem ehemaligen Granulat. Also formte ich ganz vorsichtig kleine und dafür dickere Küchle, dann klappte auch das Wenden.

Hier nun das durchaus positive Ergebnis des zweiten Versuchs, hierfür habe ich nur zwei Drittel der angegebenen Gemüsebrühe genommen. Nachdem ich das Granulat dazugeben hatte, ließ ich die Masse 15 Minuten köcheln und weitere 15 Minuten auf der ausgeschalteten Platte quellen, danach war die Konsistenz zufriedenstellend.

Gemüseküchle

50 g Sojagranulat Gemüsebrühe	laut Packungsanleitung in quellen lassen (aber Vorsicht bei der Flüssigkeitsmenge, lieber anfangs deutlich weniger dazugeben und gegebenenfalls nachgießen).

½ kleine Zwiebel	schälen und klein würfeln.
50 g Hokkaidokürbis	mit der Schale grob raspeln, einen Teil kann man auch fein reiben. Zwiebel und Kürbis in die Sojamasse geben.
2 EL gemahlene Nüsse	und
2 – 3 EL Dinkelvollkorngrieß oder Maismehl	einarbeiten, mit
Kräutersalz, Pfeffer, Currypulver, scharfem Paprikapulver	und
Sojasoße	kräftig würzen. Mit feuchten Händen vorsichtig nicht zu große Küchle formen. In einer Pfanne
Erdnussöl	erhitzen und die Küchle auf beiden Seiten je 6 Minuten braten. Vorsichtig aus der Pfanne nehmen, einen Teil sofort verzehren. Gegebenenfalls übrige Küchle abkühlen lassen und am nächsten Tag kalt oder kurz unter dem Grill erhitzt essen.

Typp! Statt Kürbis eignen sich auch Möhren, Sellerie, Pastinaken oder Kohlrabi.

Getränke

Zum Schluss möchte ich Ihnen noch einige meiner Lieblingsgetränke vorstellen, heiß oder kalt, für zuhause und für unterwegs und immer etwas Besonderes.

Kakao ist nur etwas für Kinder, denken viele. Aber dieser Kakao schmeckt auch Erwachsenen, und ganz Mutige kochen auch noch eine getrocknete Chilischote mit.

Ingwerkakao

5 g Ingwer (1 – 2 cm)	in zwei bis drei Stücke schneiden.
250 ml Wasser	mit den Ingwerstücken aufkochen, einige Minuten köcheln und noch einige Minuten ziehen lassen. Dann
300 ml Milch	dazugeben und unter gelegentlichem Rühren langsam aufkochen lassen. Bevor die Milch überkocht, vom Herd nehmen und
2 TL Kakaopulver	und
1 TL löslichen Getreidekaffee	einrühren. Mit
1 – 2 TL Honig	süßen. Vor dem Servieren die Ingwerstücke (und gegebenenfalls die Chilischote) herausnehmen.

Tipp! Statt Getreidekaffee können Sie auch Bohnenkaffee wählen oder etwas mehr Kakaopulver nehmen und auf den Kaffee verzichten. Wer es süß und zugleich scharf liebt, kann zusammen mit dem Ingwer eine getrocknete Chilischote aufkochen.
Für einen veganen Ingwerkakao wählen Sie Sojadrink statt Milch und Sirup statt Honig zum Süßen.

Herrlich erfrischend bei einer Wanderung, aber auch auf der Terrasse an heißen Tagen, nach der Gartenarbeit oder dem Sport ist dieser Durstlöscher. Ich mache mir oft am Morgen eine Kanne und mitunter ist sie bis Mittag schon leer.

Durstlöscher

750 ml Wasser	erhitzen,
3 – 4 TL aromatisierten Rotbuschtee (zum Beispiel mit Himbeere)	in einen Teefilter geben und etwa 3 Minuten im kochenden Wasser ziehen lassen. Dann
250 – 350 ml roten Traubensaft	zugießen, weitere 3 Minuten ziehen lassen und den Teefilter entfernen. Heiß, lauwarm oder kalt trinken.

Tipp! Rotbuschtee wird auch unter dem Begriff Rooibos gehandelt, denn so heißt er in seinem Ursprungsland Südafrika. Der Tee enthält kein Koffein und nur wenig Gerbstoffe, dafür sehr viele Mineralstoffe und ist daher sehr gut verträglich.
Natürlich können Sie auch jeden anderen Früchtetee verwenden.
Statt des roten Traubensaftes passt auch weißer Traubensaft oder Apfelsaft sehr gut.

Rotbuschtee eignet sich als vorzügliche Alternative, um einen Gewürztee nach indischer Art zu genießen.

Gewürztee

500 ml Gewürzwasser	nach Grundrezept herstellen und aufkochen lassen (siehe Seite 25).
2 TL Rotbuschtee	in einen Teefilter füllen, diesen ins kochende Gewürzwasser geben, vom Herd nehmen und 5 Minuten ziehen lassen. Teefilter herausnehmen, nach Belieben
Schlagsahne, Milch oder Sojamilch	sowie
Honig oder Sirup	nach Geschmack dazugeben.

Tipp! Statt Rotbuschtee schmeckt auch eine kräftige Schwarzteesorte wie Earl Grey sehr gut.

Heiß und fruchtig, herrlich an einem kalten Wintertag!

Heißer Blutorangensaft

20 g Butter	in einem Topf erhitzen,
1 Kardamomkapsel,	
2 Gewürznelken,	
1 Stück Zimtrinde	und
1 getrocknete Chilischote	dazugeben und unter Rühren einige Minuten anbraten.
3 – 4 Blutorangen	auspressen. Die angebratenen Gewürze eventuell in einen Teebeutel geben, bevor man den Saft zugibt. Saft zu den Gewürzen gießen, aufkochen und 15 Minuten köcheln lassen. Wenn die Gewürze nicht in einen Teebeutel gegeben wurden und in diesem aus dem Saft genommen werden können, den Saft durch ein Sieb gießen.
½ Blutorange	schälen, filetieren und klein schneiden. Mit dem heißen Saft übergießen.

Tipp! Wählen Sie zur Abwechslung normalen Orangensaft oder Mandarinensaft.

Gerne serviere ich den folgenden Punsch als Aperitif vor einem umfangreichen Menü, aber er schmeckt auch an jedem kalten Tag oder Abend sehr gut.

Apfel-Sanddorn-Punsch

1 Apfel	schälen, das Kerngehäuse entfernen. Apfel halbieren und mit
2 Gewürznelken	spicken. Mit
500 ml naturtrübem Apfelsaft	sowie
3 EL honiggesüßtem Sanddornsaft	übergießen, aufkochen und kräftig mit
Vanillepulver, gemahlenem Anis	und
gemahlenem Ingwer	würzen. Gut 10 – 15 Minuten bei geringer Hitze ziehen lassen, nicht mehr kochen. Die Gewürznelken herausnehmen und die Apfelhälften so weit wie möglich zerdrücken, wenn sie nicht schon durch das Kochen zerfallen sind. Vor dem Servieren nochmals kurz erhitzen.

Tipp! Wer seine Getränke klar bevorzugt, kann gefilterten Apfelsaft verwenden und die Apfelhälften nach dem Ziehen aus dem Punsch nehmen, ohne sie zu zerdrücken.

Für eine vegane Punschvariante wählen Sie statt des honiggesüßten Sanddornsaftes eine sirupgesüße Alternative.

Der Autor

Herbert Walker, Jahrgang 1946, Dipl.-Bauing. und Betriebswirt (VWA), kam als engagierter Tierschützer und Tierversuchsgegner Mitte der 80er Jahre über die Vollwertkost zur vegetarischen Lebensweise. Nach einer mehrwöchigen Ausbildung zum Gesundheitsberater in Lahnstein nahm er eine Auszeit vom erlernten Beruf und betrieb für drei Jahre das vegetarische Vollwertrestaurant »Salatschüssel« in Heidenheim. Daneben führte er im Restaurant und bei verschiedenen Volkshochschulen Vollwertkoch- und -backkurse durch und begann mit dem Schreiben von Büchern: Bis heute sind es elf Koch- und Backbücher. Daneben war er als freier Mitarbeiter für eine Zeitschrift für Baubiologie tätig.

Seit einigen Jahren arbeitet er als Unternehmensberater für die Baubranche und hat auch hier mehrere Fachbücher veröffentlicht. Kochen und Backen sind immer noch seine wichtigsten Hobbys, er schreibt weiterhin Kochbücher und gibt hin und wieder Kochkurse.

Von Herbert Walker sind außer diesem Buch folgende im pala-verlag erschienene Bücher erhältlich:

- Vollwertig kochen und backen mit Pfiff
- Schnelle Vollwertküche mit Pfiff
- Vollwertkuchen mit Pfiff
- Desserts & mehr – vollwertige Süßspeisen mit Pfiff
- Schwäbisch kochen – vollwertig mit Pfiff
- Bohnen, Erbsen, Linsen & Co. – vollwertige Rezepte mit Hülsenfrüchten
- Vollwertige Weihnachtsbäckerei mit Pfiff

Rezeptindex

Rezepte mit einem * sind tierisch-eiweißfrei und vegan. Im Buch sind diese Rezepte mit zwei Ähren gekennzeichnet. Ist ein Rezept mit (*) markiert, kann es durch eine im Rezept angegebene Alternative unkompliziert tierisch-eiweißfrei und vegan zubereitet werden. Im Buch wird dies durch eine Ähre angezeigt.

Andere Bücher von Herbert Walker

Herbert Walker:
Schnelle Vollwertküche mit Pfiff
ISBN: 978-3-89566-167-9

Herbert Walker: **Vollwertige Weihnachtsbäckerei mit Pfiff**
ISBN: 978-3-89566-246-1

Herbert Walker:
Vollwertig kochen und backen mit Pfiff – ohne tierisches Eiweiß
ISBN: 978-3-89566-146-4

Herbert Walker:
Schwäbisch kochen – vollwertig mit Pfiff
ISBN: 978-3-89566-208-9

Vollwertig, vegetarisch, gesund

Heike Kügler-Anger:
Käse veganese
ISBN: 978-3-89566-237-9

Simone Stefka:
Glutenfrei backen
ISBN: 978-3-89566-226-3

Herbert Walker:
Desserts & mehr
ISBN: 978-3-89566-229-4

Angelika Eckstein:
Vegan backen
ISBN: 978-3-89566-239-3

Gesamtverzeichnis: pala-verlag, Rheinstraße 35, 64283 Darmstadt
www.pala-verlag.de, E-Mail: info@pala-verlag.de

ISBN: 978-3-89566-272-0

Rheinstraße 35, 64283 Darmstadt
www.pala-verlag.de

Illustrationen und Umschlaggestaltung: Karin Bauer
www.karin-bauer.com

Lektorat: Angelika Eckstein

Druck: fgb • freiburger graphische betriebe
www.fgb.de
Printed in Germany.

Dieses Buch ist auf Papier aus
100 % Recyclingmaterial gedruckt
und klimaneutral produziert.

Print CO_2 geprüft